리틀 히포크라테스 03

위급한 환자의 생명을 구하라

리틀 히포크라테스 03

수술

윤경식 글 | 정민영 그림

위급한 환자의 생명을 구하라

봄마중

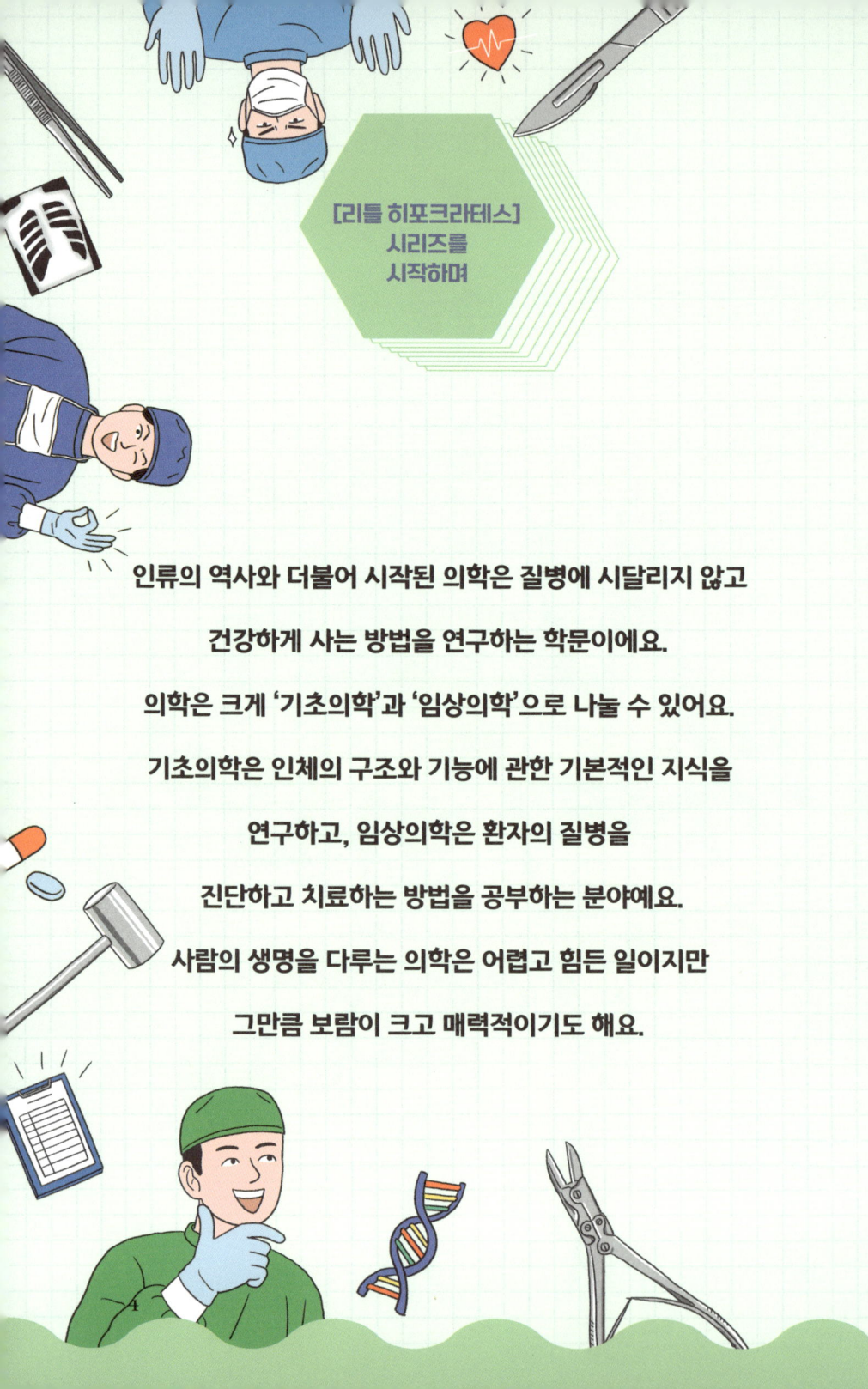

[리틀 히포크라테스] 시리즈를 시작하며

인류의 역사와 더불어 시작된 의학은 질병에 시달리지 않고

건강하게 사는 방법을 연구하는 학문이에요.

의학은 크게 '기초의학'과 '임상의학'으로 나눌 수 있어요.

기초의학은 인체의 구조와 기능에 관한 기본적인 지식을

연구하고, 임상의학은 환자의 질병을

진단하고 치료하는 방법을 공부하는 분야예요.

사람의 생명을 다루는 의학은 어렵고 힘든 일이지만

그만큼 보람이 크고 매력적이기도 해요.

최근 들어 의사가 되려는 어린이들이 늘면서

의학에 대한 관심도 높아지고 있어요.

[리틀 히포크라테스] 시리즈는 어린이들이

인체와 생명의 소중함을 생각하고

의사라는 직업에 관심을 가질 수 있도록

의학의 각 분야를 안내하기 위한 목적으로 기획되었어요.

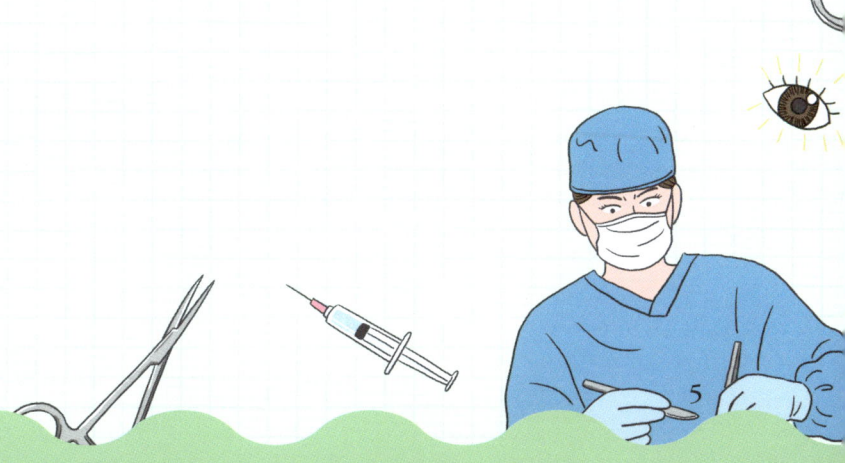

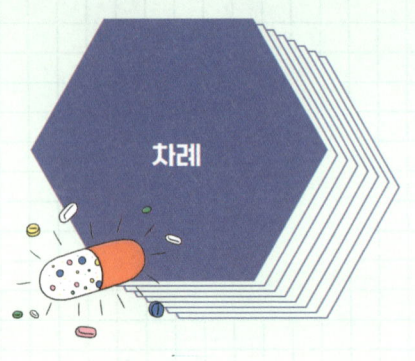

008 **머리말 |** 위급한 환자의 생명을 구하는 방법, 수술

012 **묻고 답하고 |** 수술이 궁금해

1 수술과 외과의사
020 외과에서 하는 수술 024 아프지 않아도 하는 수술

2 수술 과정과 수술실 풍경
030 수술실 의사의 역할 032 길고 긴 수술 과정 040 여러 가지 수술들 043 수술이 위험한 이유 044 수술실 내부 047 수술실에서 가장 조심해야 하는 감염 048 소독의 중요성을 강조한 제멜바이스

3 통증을 없애 주는 마취제
056 마취의 역사 061 마취의 종류 063 마취 사고

4 로봇 수술과 수술실의 도구들

068 수술로봇 다빈치 072 놀라운 수술 도구들 077 진료과마다 특별한 수술 도구들

5 수술의 발전과 미래

082 수술의 역사 085 끔찍한 전두엽 절제술 088 예방을 위한 수술 089 우리나라 첫 번째 의사 091 우리나라에서 가장 많이 하는 수술 092 미래의 수술

100   **맺음말 |** 수술이 필요 없는 미래를 위해

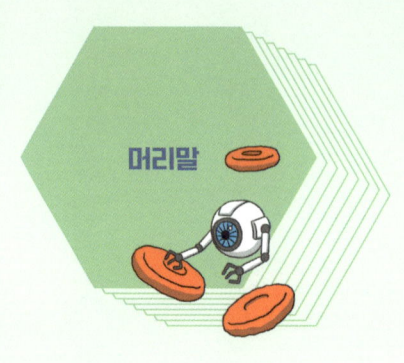

머리말

위급한 환자의 생명을 구하는 방법, 수술

 2011년 1월, 우리나라 배가 소말리아 해적에게 납치되었어. 우리나라는 납치된 배를 구출하기 위해 청해부대를 파견했지. 청해부대는 아프리카 소말리아 해역에 파견해 있는 해군의 해상부대야. 치열한 전투 속에서 우리 청해부대원들은 해적을 사살하고 한국인 여덟 명을 포함한 인질 모두를 구출하는 데 성공했어.

 하지만 이 작전 중에 석해균 선장이 여러 발의 총을 맞고 말았지. 출혈이 심했던 선장은 곧 수혈을 받고 오만의 대학 병원에서 1차로 응급 수술을 받았지만 위중한 상태였어.

 이때 아주대학교 응급의학과 이국종 교수팀이 오만에 파견되어 응급 수술로 석 선장을 치료했지. 하지만 완전히 성공한 건 아니었어. 수술팀은 석 선장을 우리나라로 이송해서 수술해야겠다고 판단하고 에어 앰뷸런스를 이용했지. 석 선장은 우리나라에서 다시 수술을 받고 7개월 만에야 자리에서 일어날 수 있었어.

수술은 이렇게 위급한 환자의 생명을 살리는 유일한 방법이야. 의사들은 환자의 생명을 구하기 위해 수술을 진행하고, 어떻게든 생명을 살리려고 노력하지.

수술에는 교통사고처럼 생명을 구하는 위급한 수술뿐 아니라 사마귀나 양성종양 제거 같은 불편을 없애는 수술도 있고, 암이나 심장병 등 질병을 치료하는 수술 등 다양한 수술이 있어.

뼈가 부러지게 되면 '골절'이라고 하는데, 시간이 지나면 자연스럽게 붙을 수도 있지만, 그냥 두면 통증이 너무 심하

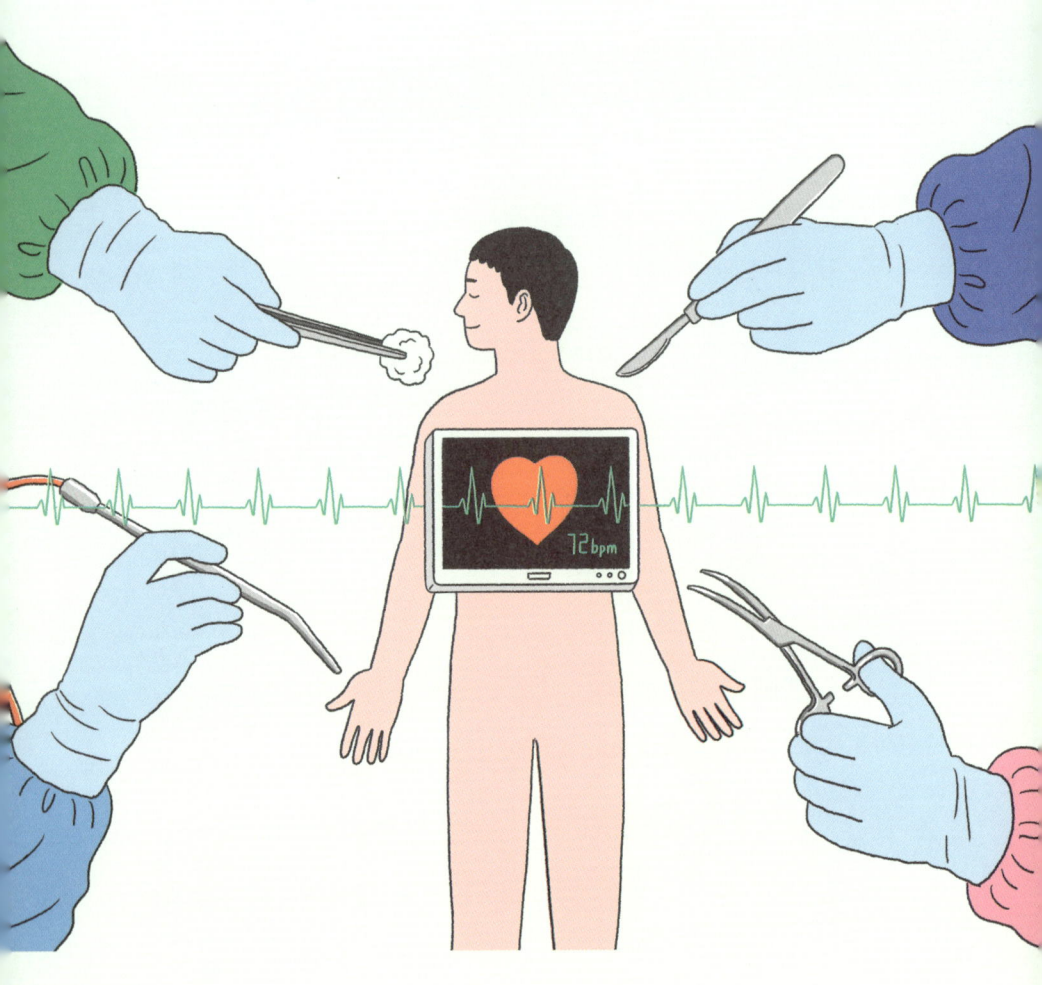

고 뼈가 잘못 붙을 수도 있어. 이럴 때는 뼈를 움직이지 않도록 고정하고 부러진 뼈가 어긋나지 않도록 고정하는 수술을 해야 해.

또 맹장염처럼 배가 갑자기 아픈 경우에는 병원 응급실에서 검사하고 급하게 수술하는 경우도 있어. 이것을 '응급 수술'이라고 하지. 하지만 대부분의 병원에서는 미리 계획해서 수술을 진행하는 경우가 많아.

이제부터 위급한 환자의 생명을 살리는 수술에 대해 살펴보기로 하자.

드라마에서 수술하는 걸 본 적이 있니?

 네. 저는 수술 장면이 나오면 제일 흥미진진해요. 신기한 것도 많고요.

 그래? 어떤 것이 신기하니?

 어…… 수술실에서 의사 선생님들은 대부분 초록색이나 하늘색 수술복을 입고 있었어요. 왜 다른 색의 옷은 입지 않나요?

 수술을 할 때는 아무래도 피를 많이 보게 되잖아? 빨간색을 오래 보게 되면 의사 선생님들이 눈에 피로감을 많이 느끼게 되고, 빨간색의 보색인 초록색이 눈앞에 잔상으로 계속 남아, 시야에 혼란을 줄 수 있거든. 그래서 초록색이나 하늘색 수술복을 입어 잔상 효과를 줄이려는 거야. 이런 이유 말고도 초록색이나 청색이 다른 색에 비해서는 편안하게 느껴지기 때문에 수술을 앞둔 환자들의 긴장을 덜어 주기 위해서이기도 해.

 아하! 그렇군요. 그리고 수술실은 정말 추운가요? 수술실에 들어온 의대생들이 춥다고 하는 장면을 봤어요.

 맞아. 수술 중에 환자의 수술 부위에 의사 선생님의 땀이 떨어지기라도 하면 감염의 위험이 있기 때문에 수술실 온도는 낮은 편이야. 특히 땀을 많이 흘리는 의사 선생님이 집도하는 수술실의 온도는 조금 더 서늘하지.

수술 장면에서는 '타이', '컷' 이런 말이 나오던데 무슨 뜻인가요?

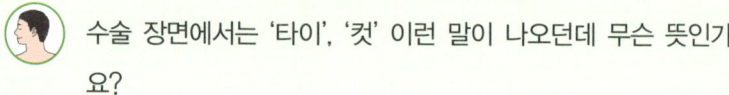'타이tie'는 '묶는다', 컷cut은 '자른다'는 뜻이야. 수술 부위의 혈관이나 장기를 바늘과 실을 사용해서 묶고 자르는 과정에 나오는 말이지. 타이는 실로 묶는 과정이고 컷은 두 손으로 실을 묶고 있으니 가위로 실을 잘라달라는 신호인 거야.

아, 그런 뜻이었군요!

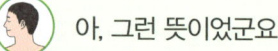또 묶는 과정을 '슈처suture'라고 하는데, 지금부터 꿰매는 걸 시작할 거라고 간호사에게 알리는 의미지. 가장 많이 듣는 '석션suction'은 복부 안에 고인 혈액을 뽑아내는 것이고, '켈리'는 집게를 말하는 건데 출혈이 있는 혈관을 잡기 위해서 사용하지.

그렇다면 수술할 때 가장 조심해야 하는 건 뭔가요?

흠…… 모든 걸 조심해야 하지만, 무엇보다 환자의 혈관이나 신경을 건드리지 않아야 해. 모든 장기에는 혈관이 있거든. 수술할 때는 질병이 있는 장기와 조직만 잘라내야 하지. 혈관이나 신경

14

이 손상을 입으면 수술 후 부작용으로 연결되기 때문에 매우 주의해야 해.

 역시 수술은 긴장되고 떨리지만 매우 흥미롭기도 해요. 저도 의사가 된다면 꼭 수술을 하는 의사가 되고 싶어요!

 하하. 그거 반가운 말이구나. 네 말대로 수술은 힘들지만 그만큼 보람도 크지. 지금부터라도 의학과 과학에 흥미를 가지고 도전해 보렴. 네가 흰 가운을 입은 모습을 꼭 보고 싶구나!

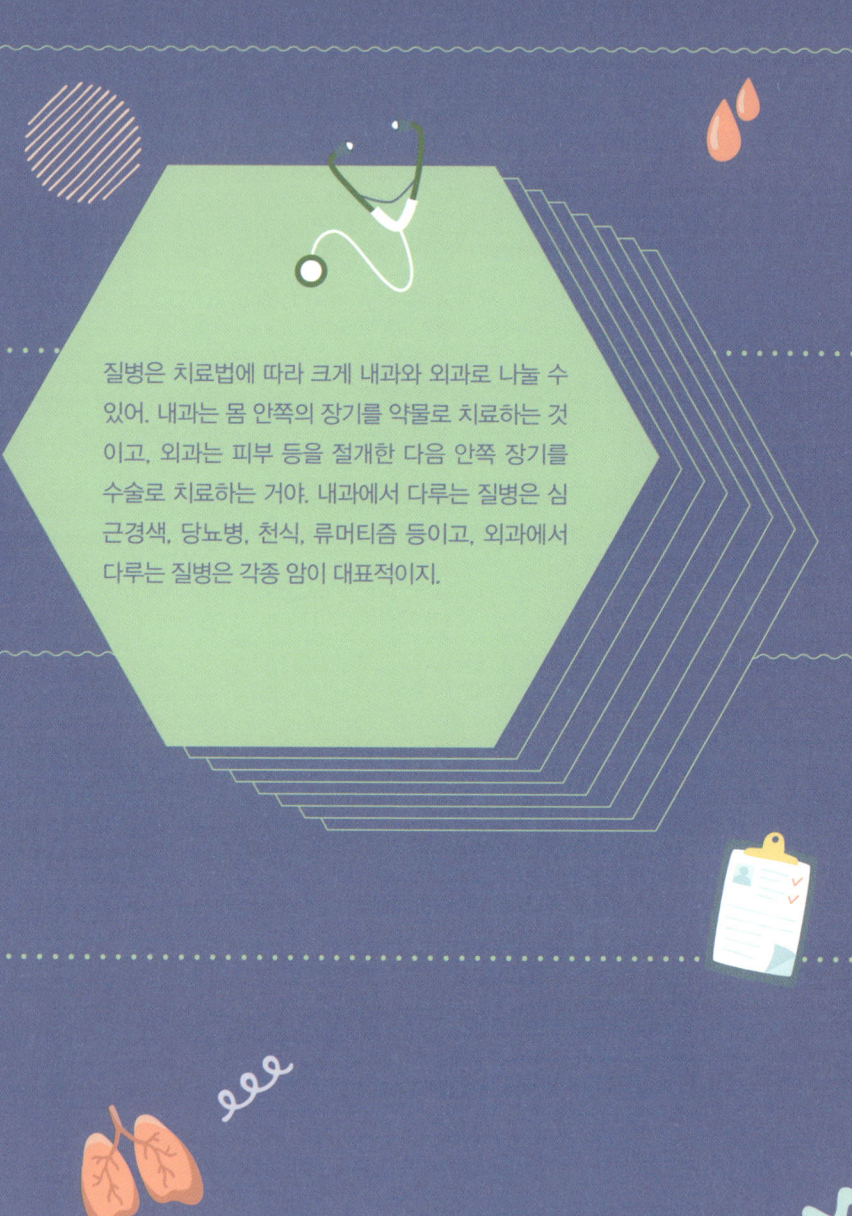

질병은 치료법에 따라 크게 내과와 외과로 나눌 수 있어. 내과는 몸 안쪽의 장기를 약물로 치료하는 것이고, 외과는 피부 등을 절개한 다음 안쪽 장기를 수술로 치료하는 거야. 내과에서 다루는 질병은 심근경색, 당뇨병, 천식, 류머티즘 등이고, 외과에서 다루는 질병은 각종 암이 대표적이지.

수술과 외과의사

1

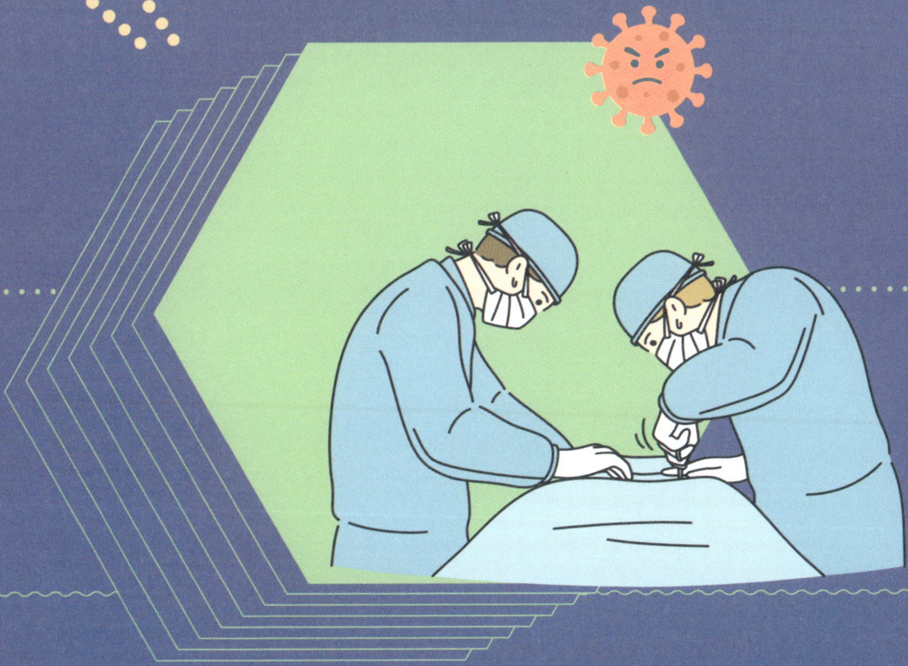

수술은 영어로는 'operation' 또는 'surgery'라고 하는데 가벼운 수술의 경우 '시술'이라고 부르기도 해. 수술을 쉽게 설명하면, '몸속의 조직을 자르거나 절개해서 병을 고치는 것'이야. 수술은 **맹장 수술**처럼 비교적 간단한 수술부터 암 수술, 뇌 수술, 성형 수술, 출산을 위한 제왕절개 수술 등 정말 다양한 수술이 있지.

과거에는 질병이 생기거나 사고로 부상을 입으면 마땅한 치료법이 없어서 생명을 잃을 수밖에 없었어. 하지만 19세기 중반부터 소독제가 등장하고, 마취제가 발달하면서 본격적으로 수술을 할 수 있게 되었어. 덕분에 많은 생명을 살릴 수 있었지.

그때부터 외과학은 급속도로 발전하기 시작했어. 특히 뢴트겐이 발명한 **X선**은 지금까지도 외과 수술에 큰 도움이 되고 있어. 뿐만 아니라 20세기 이후 발생한 두 번의 세계대전도 외과 발전에 큰 역할을 했어. 전쟁 때문에 총상이나 사

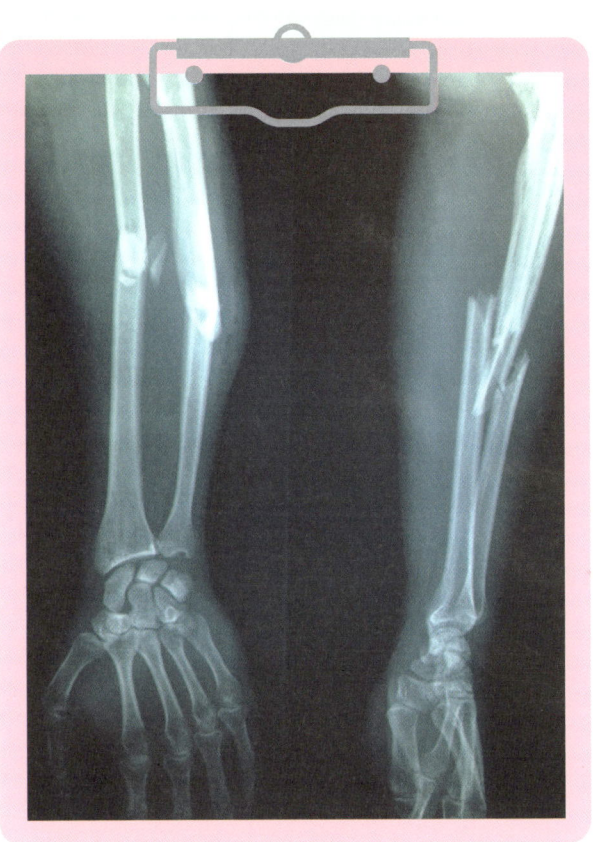

엑스레이로 촬영한 부러진 뼈
X선의 발견은 외과 수술의 발전에 크게 공헌했다.

고를 입은 외과 환자가 많았고 이들을 치료하면서 수술법이 발전했기 때문이지.

지금은 하루에도 수많은 사람들이 병원에서 수술을 받고 있어. 통계적으로 살펴보면 누구나 일생에 한두 번 정도는 수술을 받는다고 해.

외과에서 하는 수술

질병은 치료법에 따라 크게 내과와 외과로 나눌 수 있어. 내과는 몸 안쪽의 장기를 약물로 치료하는 것이고, 외과는 피부 등을 절개한 다음 안쪽 장기를 수술로 치료하는 거야.

내과에서 다루는 질병은 심근경색, 당뇨병, 천식, 류머티즘 등이고, 외과에서 다루는 질병은 각종 암이 대표적이지. 수술은 대체로 외과계열인 산부인과, 성형외과, 신경외과, 심장혈관흉부외과, 안과, 이비인후과, 정형외과 등에서 진행해.

그런데 몸 안에 있는 위장, 맹장, 대장, 간과 같은 장기를 수술하는 것이니까 수술은 '안'을 의미하는 '내과'에서 해야 하는 게 아닌지 궁금할 거야. 이것을 설명하려면 우선 우리 몸에 대해서 알아야 해.

우리 몸을 입에서부터 항문까지 연결된 하나의 구불구불한 관이라고 생각해 봐. 즉 도넛 같은 형태라고 생각하는 거지. 그렇다면 뻥 뚫린 도넛의 구멍 부분이 바깥이 되는 거야. 입에서부터 식도, 위장, 소장, 대장과 같은 기관은 몸 안쪽이 아닌 바깥쪽인 거고, 결국 그곳을 치료하는 진료과가 외과인 거지.

외과에는 소화기관과 관련된 수술을 주로 하는 일반외과, 뼈나 관절 수술을 하는 정형외과, 뇌 수술이나 척수 수술을 담당하는 신경외과, 가슴과 심장 관련 질환을 수술하는 흉부외과, 재건 성형 수술을 담당하는 성형외과 등이 있어. 콩팥이나 방광을 수술하는 비뇨의학과도 외과계열에 속하지. 출산과 여성종양을 담당하는 산부인과도 외과계열이고. 또 안과나 이비인후과에서도 **편도선** 수술이나 **백내장** 수술 등을 진행해.

종양을 잘라내는 암 수술은 병원에서 가장 많이 하는 대표적인 수술이야. 암이 생긴 장기의 종양을 잘라내는 것이지. 최근에는 내시경 위나 간까지 관을 넣어 관찰하는 장비으로 위장이나 대장에 있는 작은 혹 용종을 제거하기도 해.

뇌 수술은 어려운 수술 중 하나야. 교통사고가 나면 머리에 피가 나는 경우가 있어. 머리는 딱딱한 두개골에 둘러싸여 있기 때문에 피가 나면 안에 있는 뇌를 누르면서 생명이 위험해질 수 있지. 이럴 때는 즉시 혈액이 뭉친 덩어리를 절제하는 수술이 필요해. 혈액 응고로 생긴 **피떡** 덩어리를 컴퓨터 단층 촬영검사, **CT** Computed Tomography라는 것으로 확인하고, 주사기로 뭉친 혈액 덩어리를 뽑아내서 뇌의 압력을 줄여 주는 거야. 뇌진탕이 위험한 것도 뇌 속의 압력이 높아질 때 생명이 위험하기 때문이야.

뇌는 아주 복잡한 구조물이고 부위에 따라 사고력, 기억력, 언어능력 등 다양한 역할을 담당하기 때문에 어느 부분에 손상을 입었느냐에 따라 전부 다른 증세가 나타날 수 있지.

또 정형외과 의사들은 가끔 망치와 못을 사용해 수술을 해. 그래서 의사들끼리는 정형외과 의사를 목수라고 부르기도 하지. 뼈가 부러지거나 **인대**가 손상된 경우에 수술하는 과정을 보면 정말 망치로 못을 박는 방식이기 때문에 목수가 나무를 다루는 것과 비슷하거든. 뼈에 구멍을 뚫고 나사를 넣기도 하고, 수술용 망치로 못처럼 생긴 도구를 뼈에 고정시키기도 하니까. 핀을 뼈에 고정시키는 경우에는 핀을 자르기 위해서 '니퍼'라고 하는 공구와 비슷한 도구를 사용하기도 해.

아프지 않아도 하는 수술

수술이라고 모두 아플 때만 하는 건 아냐. 아프지 않아도 하는 수술이 있거든. 남자아이들이 하는 '포경 수술'이 대표적이야. 포경 수술은 남자 성기의 귀두를 감싸고 있는 껍질을 없애는 것인데 유대교와 이슬람교에서는 종교적 의식으로 포경 수술을 하기도 해.

  포경 수술을 하는 이유는 남성 성기의 위생 때문이야. 껍질을 없애지 않으면 그 부분의 위생 상태가 나빠져서 건강에 해로울 수 있기 때문이지.

  우리나라에서는 남자들이 성인이 되기 전에 통과 의례로 포경 수술을 많이 했어. 하지만 포경 수술을 꼭 해야만 하는 건 아냐. 수술 없이 자연적으로 껍질이 떨어지기도 하거든. 포경 수술은 '고래 잡는 수술'이라고 부르기도 하는데 그 이유는 고래를 잡는 배인 '포경선'이, 포경 수술의 '포경'과 글자가 같기 때문이야.

 또 감기에 걸리면 편도선이 많이 붓는 사람들은 미리 편도선 제거 수술을 하는 경우도 있어. 편도선이 붓는다는 건 염증이 생겼다는 거야. 편도선이 반복적으로 부으면 호흡에 영향을 줄 수 있고, 코골이가 생기거나 수면무호흡증을 일으킬 수도 있거든.

 성형 수술도 아파서라기보다는 미용을 위해서 하는 거야. 물론 흉터를 없애기 위해 하는 경우도 많지. 하지만 아프지 않다면 되도록 수술은 받지 않는 것이 좋아. 수술을 하려면 대부분 마취를 해야 하는데, 아무래도 마취는 몸에 무리가 될 수 있고, 부작용이 생길 가능성도 있거든.

 마취로 생길 수 있는 합병증으로는 치아나 기도의 손상, 저산소증, 기관지 경련, 부정맥, 심근경색, 악성 고열, 폐부종 등 다양해. 심한 경우에는 환자가 사망할 수 있어.

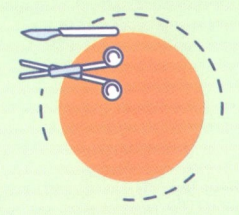

알아두면 힘이 되는 의학 용어 풀이

맹장 수술	충수돌기염. 흔히 맹장염이라고 한다. 일생 동안 10명 중 1명은 발생하는 질병으로, 충수에 염증이 생겨 발생하며 복통이 심하다. 충수돌기가 터지면 복부 전체에 염증이 퍼져 복막염이 되기 때문에 빠른 치료가 필요하다.
X선	파장이 자외선보다 짧은 전자기파. 독일의 물리학자 뢴트겐이 처음 발견해 이름을 붙였다. X선은 투과성이 좋아 물체의 내부를 들여다 볼 수 있어서 의료 분야에서 많이 쓰인다.
편도선	사람 입 안 목구멍에 있는 면역을 담당하는 기관. 감기 같은 호흡기 질환을 앓으면 편도선에 염증이 생기면서 붓는다. 너무 심하게 자주 부으면 호흡에 문제가 생길 수 있어 수술이 필요하다.
백내장	우리 눈에서 렌즈 역할을 하는 수정체가 탁해지는 것을 말한다. 백내장에 걸리면 시야가 뿌옇게 보이고 시

피떡	력이 떨어진다. 나이가 들어 생기는 경우가 많다. 혈관 속에서 피가 굳어진 덩어리. '혈전'이라고 부른다. 혈관 내에 피떡이 생기면 혈액 흐름을 막아서 심장이나 뇌에 문제를 일으킬 수 있다.
CT	X선을 이용해 촬영한 영상을 컴퓨터로 분석해 몸의 상태를 촬영하는 컴퓨터 단층 촬영 기술. 우리 몸의 내부 구조를 단면으로 잘라서 볼 수 있고, 이를 모아서 3차원 입체 영상으로도 살펴볼 수 있어서 아주 유용하다.
인대	뼈와 뼈를 연결하고, 관절의 움직임을 돕는 콜라겐 섬유로 이루어진 결합조직이다.

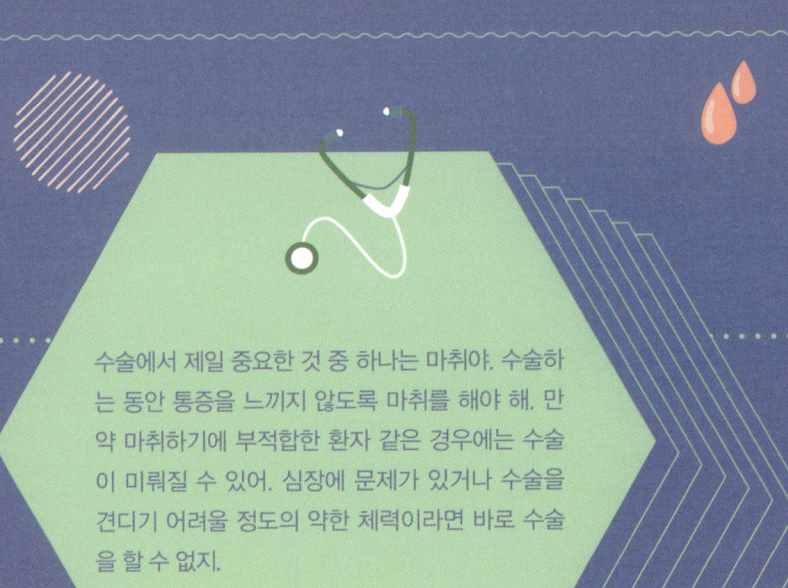

수술에서 제일 중요한 것 중 하나는 마취야. 수술하는 동안 통증을 느끼지 않도록 마취를 해야 해. 만약 마취하기에 부적합한 환자 같은 경우에는 수술이 미뤄질 수 있어. 심장에 문제가 있거나 수술을 견디기 어려울 정도의 약한 체력이라면 바로 수술을 할 수 없지.

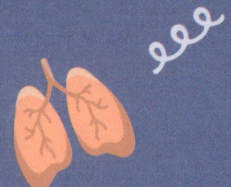

2

수술 과정과 수술실 풍경

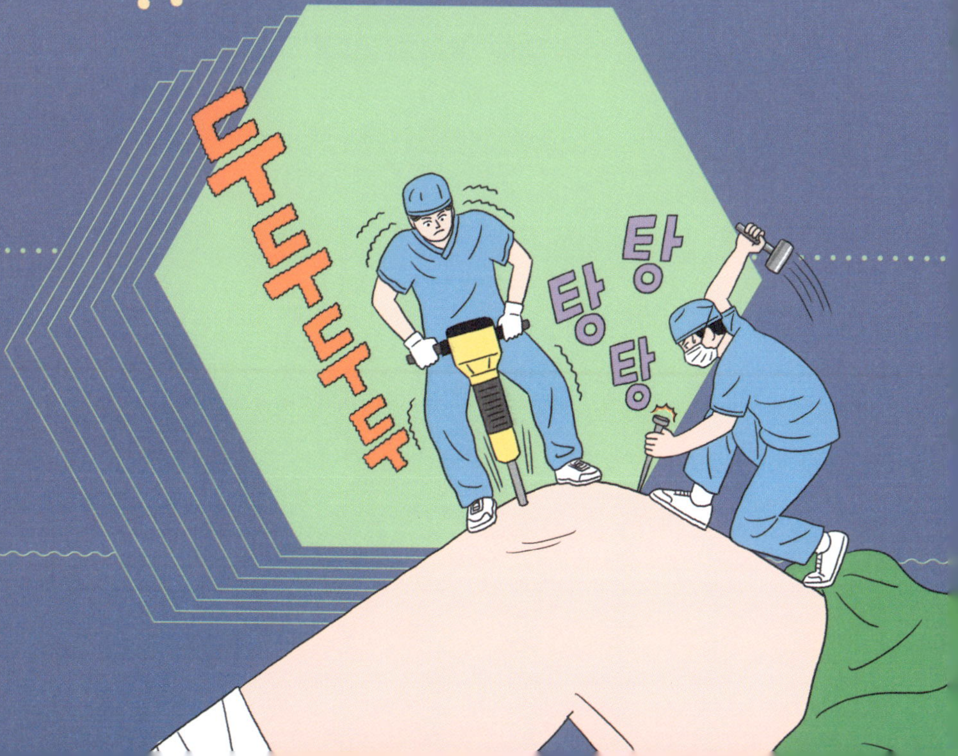

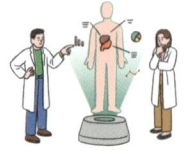

수술은 한마디로 정리하면 염증을 일으키는 조직을 잘라내는 거야. 의사가 수술을 할지, 말지를 결정하게 되는 과정은 상당히 복잡해. 그래서 수술 결정을 정확하게 내리려면 의과대학에서 6년간의 공부를 마치고 인턴 1년과 레지던트 4년을 거쳐야만 하지. 그만큼 수술은 위험이 따르는 치료법이기 때문이야.

수술실 의사의 역할

비교적 간단한 편도선 수술이라고 해도 편도선의 크기, 염증 정도, 감기에 걸렸을 때 얼마나 통증이 있는지에 따라 의사의 판단이 필요해.

암 수술도 마찬가지야. 같은 나이라고 해도 남자인지 여자인지, 암 조직이 큰지, 작은지, 부위가 어디인지, 다른 장기와 어떻게 연결되었는지에 따라 수술 방식이 달라지거든.

암의 경우는 수술보다 방사선 치료나 항암 치료를 먼저 진행하기도 하고, 암이 다른 장기로 너무 많이 퍼져 있으면 수술을 할 수 없기도 해. 또 어떤 경우는 수술실에 들어갔다가도 환자의 상태가 너무 심각해서 중간에 수술을 포기하는 경우도 있어.

수술하는 의사들은 배의 선장과 비슷해. 수술실에서 의사의 판단은 환자를 살리기도 하고 죽게도 만들 수 있기 때문이지. 하지만 암 수술에서는 그 판단을 내리는 사람이 외과의사만은 아니야. 중요한 사람이 또 있지. 바로 **병리과** 의사야.

외과의사는 환자의 피부를 절개해 장기에 있는 암 조직을 잘라낸 다음, 그것을 병리과 의사에게 보내서 **동결절편 검사** frozen biopsy 결과를 기다려야 해. 이 결과에 따라 추가적인 수술을 해야 할지 아니면 수술을 마무리할지를 판단하게 되거든.

수술로 떼어낸 조직의 끝부분에 아직 암 조직이 남아 있다면 추가적인 수술이 더 필요해. 몸속에 암 세포가 아직 남아 있다는 말이니까. 그런데 환자가 마취된 상태이기 때문에 병리과 의사는 이 검사를 30분 만에 끝내야만 해. 본인의 판단에 따라서 암 환자의 수술 성공 여부가 결정될 수 있으므로 무척 긴장되는 작업이지.

병리과 의사가 암 조직 제거가 잘 되었다고 판단하면 비로소 외과의사는 수술 부위를 봉합하고 마취를 멈추면서 수술을 끝내게 되는 거야.

수술을 마친 환자는 회복실에서 마취가 풀리고 호흡이 제대로 돌아오는지를 확인한 다음 병실로 이동하게 돼.

길고 긴 수술 과정

① 금식

수술을 하려면 여러 단계를 거쳐야 돼. 예를 들어 몸에 돌이 생겨서 돌을 빼내야 하는 수술의 경우를 생각해 볼게.

먼저 **영상의학과**에서 방사선 사진을 찍어 몸에 돌이 생겼다는 진단을 하지. 몸속의 돌은 X선을 쪼이면 하얗게 보이기 때문에 알 수 있어.

수술 날짜가 잡히면 하루나 이틀 전에 병원에 입원해서 수술 받을 수 있는 몸 상태인 것을 확인하기 위한 여러 검사를 해야 해. 그리고 수술 당일에는 금식 상태로 수술실로 이

동해서 수술 받을 준비를 하지. 물론 교통사고처럼 급하게 진행되는 응급 수술의 경우에는 약간 달라.

수술 전날에는 대부분 식사를 하지 않고 장을 비우는 관장을 해야 해. 금식을 하는 이유는 수술 도중 장이 손상되면 장 속의 음식물이 밖으로 나와 감염을 일으킬 수 있기 때문이야. 이를 예방하기 위해서 수술환자는 금식을 하고, 관장도 하는 거지.

② **마취**

수술에서 제일 중요한 것 중 하나는 마취야. 마취통증의학과에서는 수술하는 동안 환자가 통증을 느끼지 않도록 마취를 해야 해. 만약 마취하기에 부적합한 환자라고 판단되면 수술이 미뤄질 수 있어. 심장에 문제가 있거나 수술을 견디기 어려울 정도의 약한 체력이라면 바로 수술을 할 수 없거든. 사람들은 병원에 가면 모두 수술을 할 수 있다고 생각하지만, 사실 조건이 갖춰지지 않으면 쉽지 않아.

또 마취 중에는 감각을 느낄 수 없기 때문에 방광에 소변이 차도 알 수가 없지. 그래서 긴 시간이 필요한 수술의 경우에는 방광에 튜브를 꽂은 채 수술을 해야 해.

③ 수술대

수술실에 가면 환자를 수술대로 옮기고 수술하기에 적합한 자세로 옮겨 눕혀. 만약 등을 수술한다면 엎드린 자세를 취해야 하고, 옆구리를 수술해야 한다면 옆으로 눕혀야 하지.

수술대는 굉장히 폭이 좁아. 딱 한 사람이 간신히 누울 수 있는 정도의 크기지. 수술대가 좁은 이유는 수술하는 의사와 환자 사이가 멀면 수술하기 어렵고 불편하기 때문에, 의사가 환자에 딱 붙어서 수술할 수 있도록 하기 위해서야. 그러고 나서 환자에게 마취제를 주사하면 몇 초 안에 잠이 들고, 마취과 의사가 확인한 뒤 수술이 시작되는 거야.

④ 바이탈 사인

수술대의 환자에게는 여러 가지 장치들을 연결해야 해. 수술하는 동안 환자의 바이탈 사인_{활력 징후, vital sign}을 체크하고, 산소포화도나 혈압 등을 관찰하면서 혹시 모를 돌발 상황에 대처하기 위해서야. 바이탈 사인은 혈압, 맥박, 호흡수, 체온 등의 측정값이야. 보통 의학 드라마를 보면 환자 옆에서 움직이는 모니터에 나타나는 영상이 바로 바이탈 사

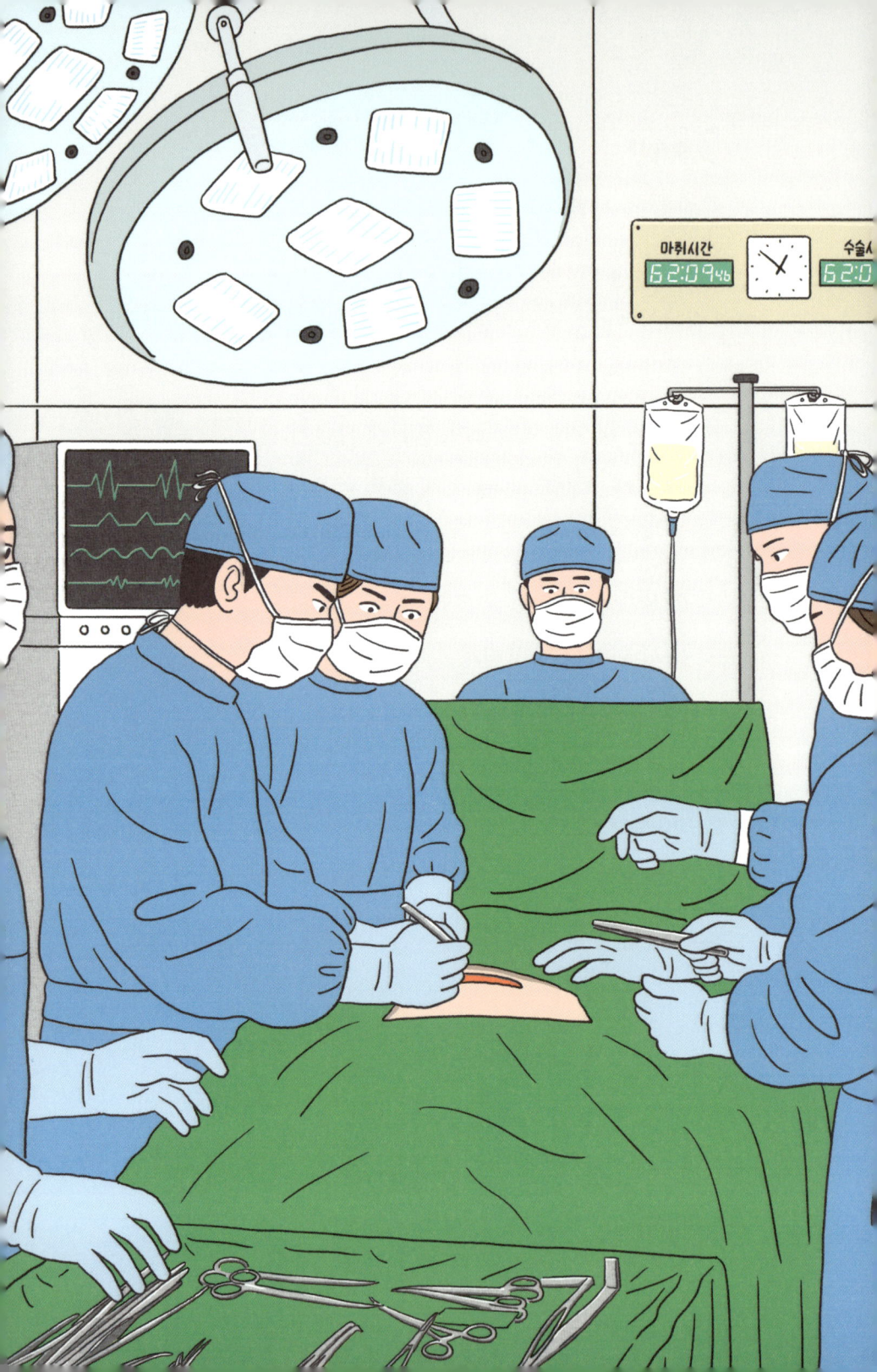

인이지.

그리고 근육을 마비시키는 근육이완제를 투여하는데, 혹시라도 환자가 무의식 중에 몸을 움직이지 못하도록 하기 위해서야. 근육이 마비되면 환자는 스스로 호흡을 할 수 없기 때문에 목에 튜브를 넣어서 인공호흡을 해야 해. 그래서 수술을 마치고 나면 목이 칼칼하고 얼얼한 경우가 많아.

수술할 부위도 소독약으로 꼼꼼하게 소독해야 해. 수술하다가 병균이 수술 부위로 들어가게 되면 큰일이거든.

⑤ 수술실 분위기

여러 명의 의사가 수술한 경우, 의사들이 한쪽에서 수술에 관해 서로 상의하기도 하고 간호사들은 수술 도구를 확인하지. 수술하기 위해서는 확인 또 확인이 필요해. 혹시 환자가 바뀌지는 않았는지, 수술 부위가 정확히 어느 곳인지, 영상 필름이 수술 환자의 것이 맞는지 등 말이야.

이런 확인 절차가 잘못되면 오른쪽 다리를 수술해야 하는 환자의 왼쪽 다리를 수술하는 일이 생길 수도 있어. 수술실에서는 아주 사소한 것이라도 엄청난 문제를 일으킬 수 있는 곳이므로 모두 신경을 곤두세우고, 꼼꼼하게 점검하는 것이 필요해.

⑥ 수술 부작용

모든 수술은 부작용이 생길 수 있기 때문에 수술 전에 반드시 보호자의 동의가 필요해. 만약 동의를 받지 못하면 수술을 진행할 수 없어. 이때 의사는 어떤 방식으로 수술을 할 것인지, 수술 시간은 얼마나 걸리는지, 부작용은 어떤 것이 있는지 상세하게 설명해 주어야 할 의무가 있어.

하지만 수술 부작용이 심할 경우, 환자가 사망할 수도 있다는 동의서의 내용을 보면 누구라도 선뜻 서명하기 힘들 거야. 그래서 수술을 앞둔 환자의 가족들은 걱정을 할 수밖에 없지.

수술은 짧으면 1시간에서 뇌 수술처럼 어렵고 위험한 경우는 10시간 넘게 걸리기도 해. 하지만 그 시간 동안 계속 수술을 하는 건 아냐. 그 시간에는 수술실에서 준비하는 과정부터 환자가 회복실에서 마취가 깨어날 때까지를 모두 포함하거든.

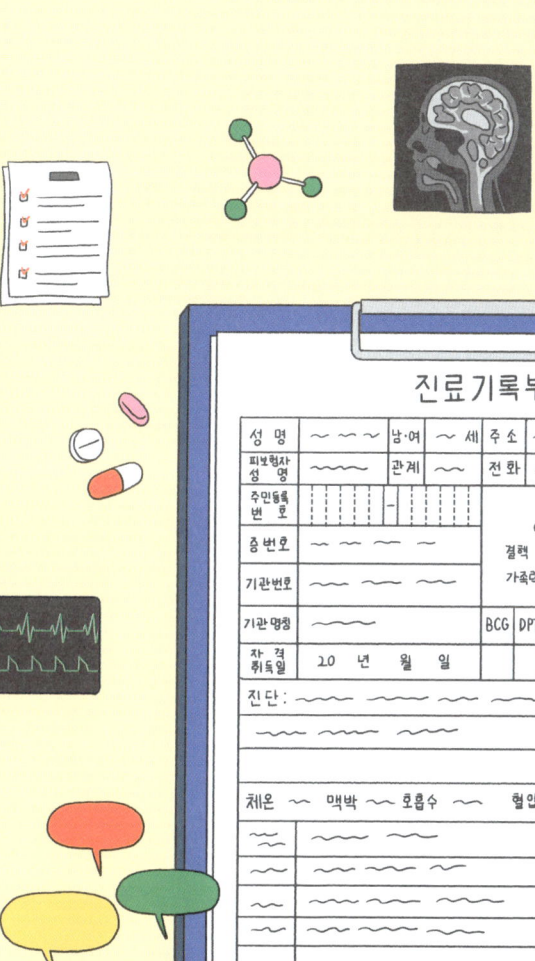

⑦ **회복 과정**

수술이 끝난 뒤에도 바로 병실로 가는 건 아니야. 환자의 마취가 깰 때 문제가 생길 수도 있기 때문에 먼저 회복실이라는 곳으로 옮겨서 환자가 의식을 제대로 회복하는지를 확인해야 하거든. 만약 마취가 깨면서 통증이 심하다면 진통제도 주사해야 하고.

환자의 장이 자연스럽게 움직이고 정상적인 호흡을 하게 되면 수술이 성공적으로 끝난 것으로 볼 수 있어. 과거에는 맹장 수술 등을 했을 때 장이 움직이는 신호를 방귀로 확인했어. 그래서 환자가 방귀를 뀌면 비로소 수술이 잘 된 것으로 판단하고 식사를 할 수 있었지.

여러 가지 수술들

텔레비전 드라마나 영화에서는 의사들이 대부분 암 수술이나 뇌 수술 같이 어렵고 심각한 수술만 하는 것처럼 보일 거야. 하지만 사실 그것 말고도 병원에서는 매우 다양한 수술이 진행되고 있어.

예를 들어 **중이염**이 생겼을 때 관을 넣어 주는 수술이나,

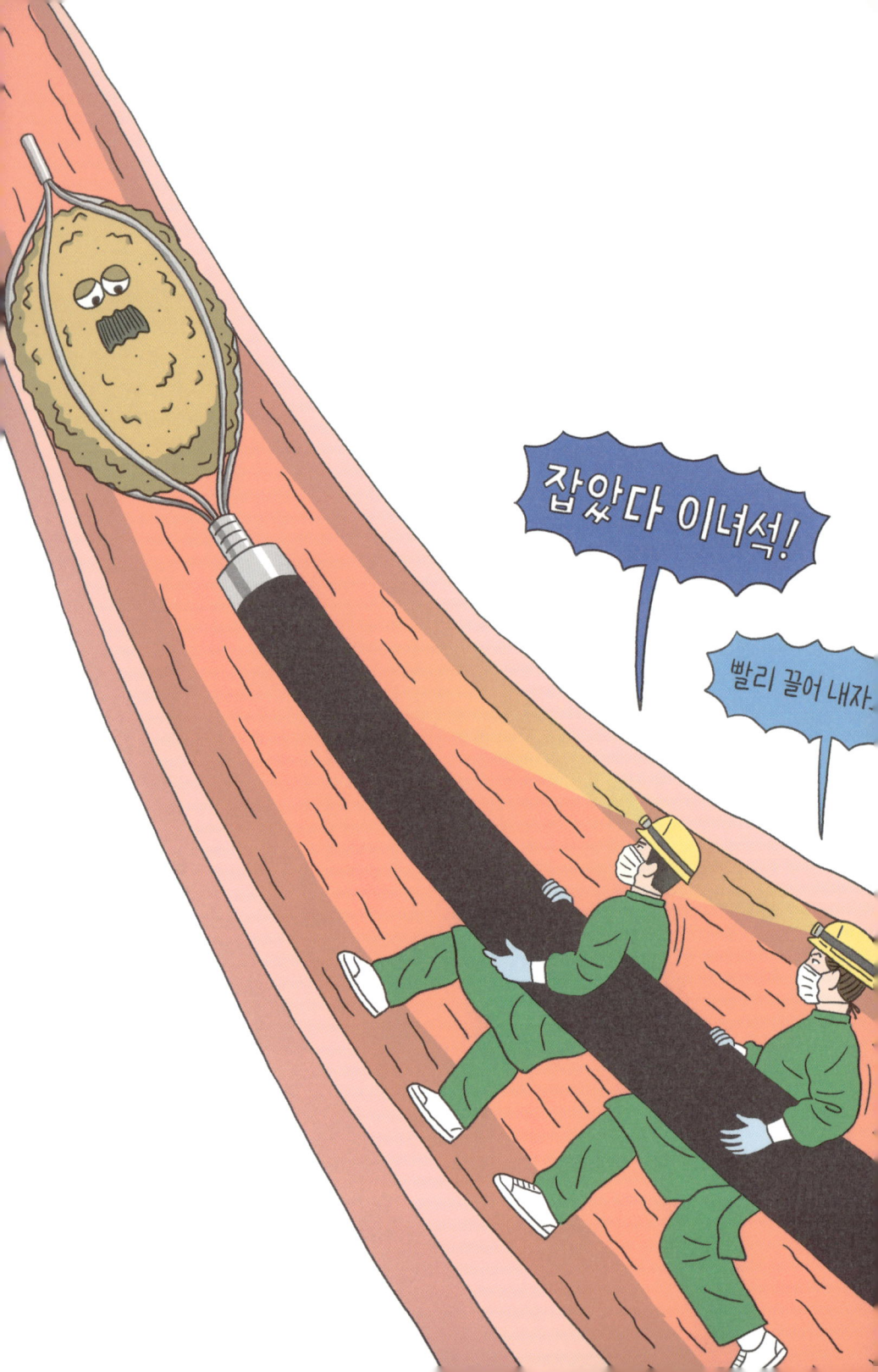

나이가 들어서 생기는 백내장 수술, 요로결석 제거 수술 등은 긴 시간이 필요하지 않아.

요로결석은 소변이 내려오는 관이 돌로 막힌 것인데, 우리 몸에서는 자연스럽게 돌이 만들어질 수 있어. 특히 소변이 만들어지고 흐르는 과정에서 칼슘이나 무기 물질이 뭉쳐서 돌처럼 되는 경우가 있거든. 소변이 내려오는 관이 막히니까 소변을 보고 싶어도 볼 수가 없고 통증도 심해지지. 집의 수도관에 문제가 생기는 것과 비슷하다고 생각하면 돼.

이때는 돌을 제거하기 위해 가느다란 관에 철사로 만들어진 도구를 사용해서 돌을 작게 부수어 소변으로 나올 수 있도록 하는 수술을 해. 또 다른 방법으로 **초음파**를 이용해서 돌을 작게 깨뜨리는 수술을 하기도 하지.

수술이 위험한 이유

맹장 수술은 소장 내에 충수 돌기라고 하는 부위에 생긴 염증을 제거하는 거야. 30년 전만 해도 쉽지 않은 수술이었지만 이제는 그렇게 위험한 수술이 아니지. 하지만 염증이 심해진 충수 돌기가 터지면 복막염을 일으키는데 이것은 생명을 위협하는 심각한 상황이 될 수 있어.

맹장 수술처럼 아무리 간단한 수술이라고 해도 수술은 여전히 위험한 일이야. 과거에는 수술 후 마취에서 깨어나지 못하거나 부작용으로 사망하는 경우가 많았어. 지금은 드문 일이지만 사람마다 체질이 다르고, 질병의 형태도 다양하기 때문에 의사들은 항상 긴장하고, 주의하면서 수술해야 해. 아무리 의료기술이 발전했다고 해도 모든 수술이 성공할 수는 없는 게 사실이거든.

수술실 내부

보통 수술실에는 수술하는 의사의 마음이 편안하도록 음악을 틀어두는 경우가 많아. 어떤 의사는 트로트를 듣기도 하고, 어떤 의사는 클래식을 들으면서 수술을 하지. 가장 큰 이유는 긴장을 풀기 위해서야.

수술실에서 큰소리는 금물이지만 심각하지 않은 수술의 경우 의료진은 환자 상태를 계속 의논하고, 의사와 간호사들은 서로 대화를 나누기도 해.

하지만 장기이식 수술처럼 환자의 생명이 위험하고 오래

걸리는 수술이라면 수술실에는 팽팽한 긴장감이 돌기도 해. 의사들은 화장실도 가지 못하고, 밥도 먹지 못한 채 10시간 가까이 서서 수술을 해야 하는 경우도 있지.

또 수술실 온도는 20~23℃ 정도야. 하지만 환자는 수술복만 입고 있기 때문에 춥게 느껴지기도 해. 수술실 온도를 따듯하게 하지 않는 이유는, 수술실에 설치된 빛을 뿜는 각종 조명 때문에 의료진들이 수술을 하면서 금방 땀을 흘릴 수 있거든. 그러면 수술에 집중하기 힘들고, 땀방울이 수술 부위에 떨어지기라도 하면 감염 때문에 큰 일이 생길 수 있지. 또 수술실 온도가 올라가면 그만큼 세균이 번식하기 쉽기 때문에 감염 예방을 위해서라도 수술실 온도는 낮은 편이 좋아.

수술실에는 수술하는 의사 외에도 마취과 의사와 간호사가 있어. 마취과 의사는 환자의 마취 상태를 계속 점검하면서 수술이 잘 진행되는지 조정해 주는 역할을 하고, 간호사는 수술하는 의사를 보조하는 역할을 하지.

의학 드라마에 등장하는 외과의사들의 수술복은 대부분 초록색이야. 의사들의 가운은 흰색인데, 왜 수술복은 초록색일까?

그 이유는 수술을 하다 보면 많은 피를 볼 수밖에 없는데, 이렇게 오랫동안 붉은색을 보면 눈이 쉽게 피로해지거든. 이때 하얀 가운을 입은 의사나 흰 벽을 보면 빨간색의 보색인 초록색이 잔상으로 남게 돼. 이런 현상은 수술하는 의사의 집중력을 떨어뜨릴 수 있어. 그래서 수술복을 하늘색이나 초록색으로 만들어 잔상 현상을 막으려고 하는 거야. 또 하늘색이나 초록색은 심리적으로 안정감을 주기 때문에 환자들이 편안함을 느끼기 때문이기도 해.

수술실에서 가장 조심해야 하는 감염

수술실에서 감염은 매우 큰 문제야. 수술을 아무리 잘 마쳤더라도 환자가 세균에 감염되면 결국 생명을 잃고 말거든. 하지만 200년 전만 해도 의사들과 병원에서는 세균에 대한 이해가 많이 부족했어. 지금 생각해 보면 어떻게 수술을 받고 사람들이 살 수 있었을까 싶기도 할 정도지.

병원에는 각종 냄새가 지독했고, 의사는 손이나 수술 도구를 소독하지 않았지. 사람들은 병원을 '죽음의 집'이라고 부를 정도였어. 치료를 위해 수술을 받는 것이 받지 않는 것보다 더 위험할 정도였으니까.

현재 모든 병원의 수술실 입구에는 에어샤워실이 있어. 에어샤워는 살균과 먼지 제거를 해주는 기계야. 의료진이 이곳저곳을 진료 다니며 혹시라도 묻었을지 모르는 오염들을 없애 주기 위해서지.

소독의 중요성을 강조한 제멜바이스

1840년대 헝가리의 의사 제멜바이스는 병원에서 소독이 필요하다고 주장했어. 그 당시에는 대부분 아이를 출산할 때, '산파'라고 하는 사람의 도움으로 집에서 낳는 경우가 많았어. 그런데 병원에서 출산할 때보다, 산파들의 도움을 받아 집에서 낳을 때 산모와 아기의 생존율이 더 높았지.

이것을 관찰하던 제멜바이스는 병원의 위생 상태가 집보다 더 나쁘기 때문이라고 밝혀낸 거야. 병원에서는 산모 1,000명당 약 100명이 사망한 반면에, 산파들이 출산을 도우면 1,000명당 36명이 사망했거든. 집보다 병원에서의 사망률이 3배나 높았지. 사망 원인은 대부분 분만 과정에서 생긴 상처에 세균이 침입해 고열을 일으키는 '산욕열'이라는 병

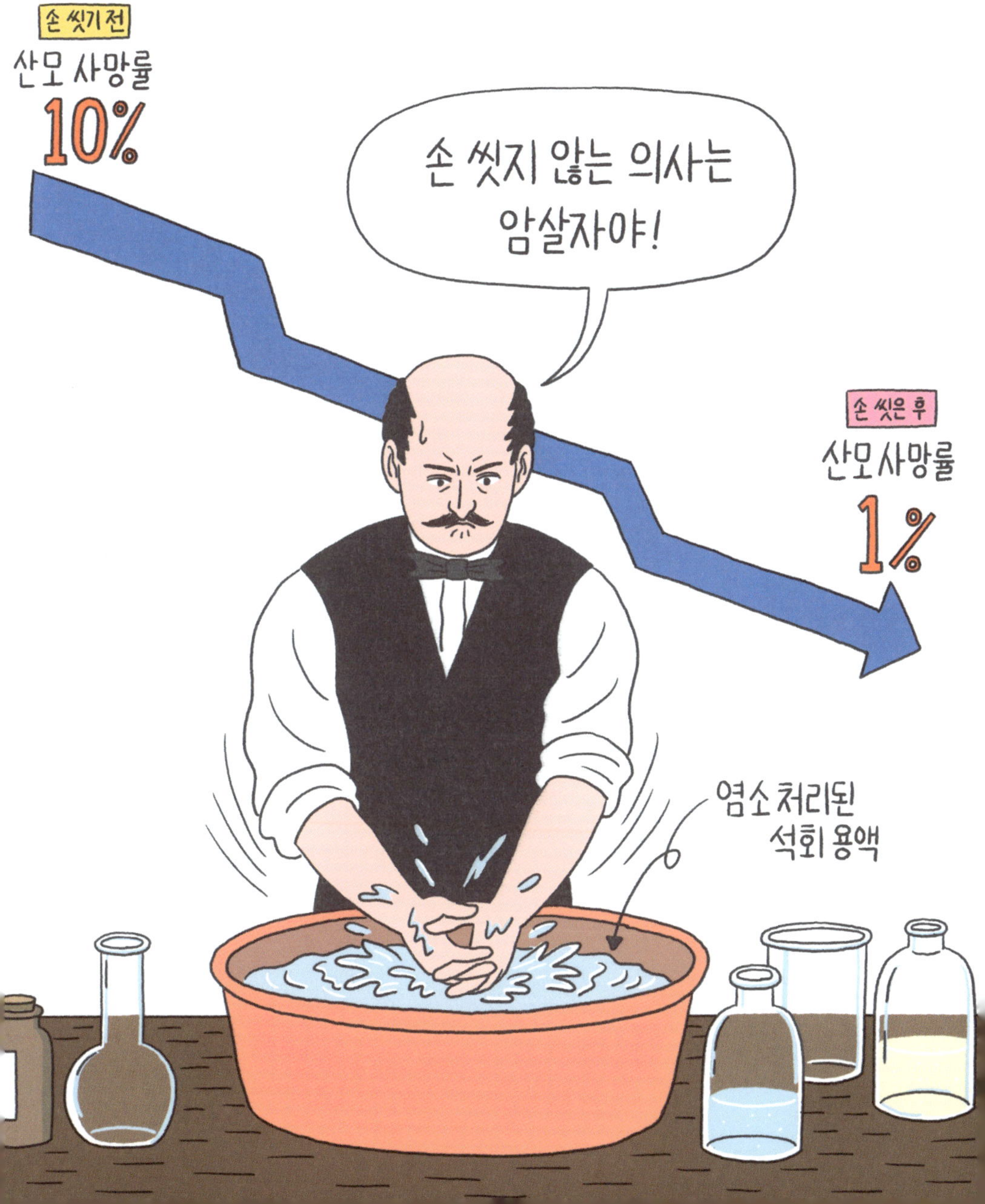
손 씻기 전
산모 사망률
10%
손 씻지 않는 의사는
암살자야!
손 씻은 후
산모 사망률
1%
염소 처리된
석회 용액

제멜바이스 우표
손씻기의 중요성을 강조한 제멜바이스의 업적을 기리기 위해 발행된 헝가리 우표

이었어.

 이즈음 과학자들은 세균에 대한 연구가 한창이었어. 그리고 현미경을 사용해 세균이 있다는 사실을 발견했지. 그러자 병원에서도 소독이 필요하다는 것을 알게 되었고 의사들이 산모의 몸을 만지기 전에 염화칼슘액에 먼저 손을 씻게 했어. 이렇게 간단한 과정만 거쳤음에도 병원에서 출산하는 산모의 사망률이 1,000명당 약 10명 정도로, 1/10이나 줄어들었지. 사람들은 비로소 소독의 중요성을 깨닫게 되었어.

 얼마 전 코로나가 한창 유행할 때도 사람들이 마스크를 잘 쓰고, 손 소독을 열심히 하는 바람에 감기 등 다른 감염병의 발생률이 크게 줄었잖아. 그만큼 개인위생은 중요해. 손 씻기만 잘 해도 질병 예방에는 큰 도움이 될 수 있어.

알아두면 힘이 되는 의학 용어 풀이

병리과	질병의 성질을 연구하는 의학 분야. 현미경을 사용해 세포나 조직을 검사하고 질병이 침입했을 때 어떤 변화를 나타내는지 연구한다.
동결절편 검사	응급으로 실시하는 조직검사. 수술 범위를 결정하기 위해 하는 검사로, 수술 중 조직을 잘라내 −24℃로 급속 냉동한 후 얇게 잘라 현미경으로 판독하고 결과를 확인한다.
영상의학과	X선, CT, MRI, 초음파 등을 이용해 병을 진단하고, 방사선을 활용해 치료하는 의학의 한 분야이다. 촬영한 영상을 분석해 질병을 판단하는 것을 '판독'이라고 한다.
중이염	귀를 해부학적으로 보면 바깥쪽이 외이, 가운데가 중이, 안쪽이 내이로 나뉜다. 중이는 고막과 내이를 연결하는 공간인데 이곳에 생긴 염증이 중이염이다. 중이에는 '이관'이라고 하는 관이 귓속과 목구멍을 연결

하고 있기 때문에 중이염이 생기면 귀도 아프고 귀속이 막힌 듯한 느낌이 든다.

초음파 사람이 들을 수 있는 소리의 최대치를 넘어서는 주파수를 가진 소리를 말한다. 초음파를 이용해 몸 속 장기의 크기와 구조, 질병 여부 등을 촬영할 수 있다. MRI나 CT보다 비용이 저렴하다.

제멜바이스 1818~1865. 헝가리의 산부인과 의사로 손씻기의 중요성을 강조해 산모의 사망률을 1/10로 줄이는 데 큰 역할을 했다. 하지만 의학계는 그의 주장을 허튼소리로 취급했다. 병원에서 쫓겨난 그는 결국 정신병에 걸렸고 병원에서 사망했다.

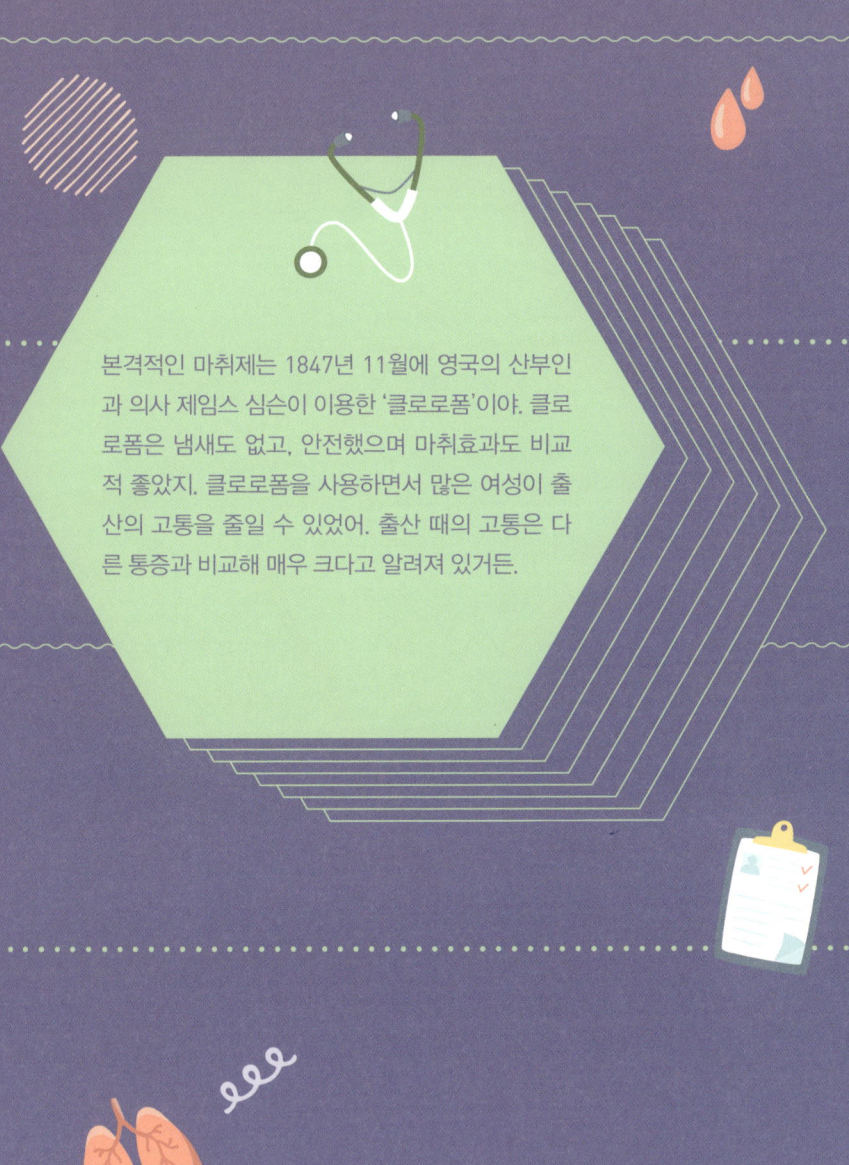

본격적인 마취제는 1847년 11월에 영국의 산부인과 의사 제임스 심슨이 이용한 '클로로폼'이야. 클로로폼은 냄새도 없고, 안전했으며 마취효과도 비교적 좋았지. 클로로폼을 사용하면서 많은 여성이 출산의 고통을 줄일 수 있었어. 출산 때의 고통은 다른 통증과 비교해 매우 크다고 알려져 있거든.

통증을 없애 주는 마취제

3

마취의 역사

오래전부터 통증을 줄이는 방법으로 서양에서는 아편이나 **맨드레이크**, 홉 등을, 동양에서는 버드나무나 아편, 대마 등을 사용해 왔어. 하지만 수술을 하기 위해서는 오랜 시간 동안 일정하게 의식이 없어야 하기 때문에 마취에 사용하기에 적절하지는 않았지.

 수술은 몸속 장기를 살펴야 하므로, 피부를 절개해야 하기 때문에 극심한 통증이 따를 수밖에 없거든. 마취제가 없었던 때는 수술 자체보다 통증으로 목숨을 잃는 경우가 많았어. 《삼국지》에는 관우가 마취도 하지 않은 채, 화타에게 독화살을 빼내는 수술을 받는 장면이 나와. 관우는 비명소리 한번 없이 수술 받는 동안 부하 장수와 장기를 두었어. 하지만 보통 사람이라면 상상도 할 수 없을 정도로 아팠겠지?

그렇기 때문에 의학자들은 환자의 고통을 덜어 줄 수 있는 마취제를 찾으려는 연구를 계속해 왔어. 마취제의 시작은 약 250년 전이야. 19세기 중반 영국의 발명가 험프리 데이비는 **아산화질소**N_2O를 들이마시면 기분이 좋아지고 웃음이 나온다는 사실을 알아냈어. 그는 아산화질소에 '웃음 가스'라는 별명을 붙였지. 당시 유랑극단에서는 25센트를 내면 풍선에 아산화질소 가스를 담아주었어. 관객들은 이 가스를 마시고 웃거나 기분이 좋아 흐느적거렸지.

1844년 미국의 치과의사 호레이스 웰스는 그 광경을 보고 아산화질소를 마취제로 쓸 수 있겠다고 생각했어. 그래서 환자의 이를 뽑을 때 이 가스를 마취제로 사용해 보았지. 하지만 환자가 마취에서 금방 깨어나 소리를 지르는 바람에 실패로 끝났어.

하지만 웰스의 제자였던 윌리엄 모턴은 스승의 방법을 발전시켜 아산화질소 대신 에테르를 이용하는 방법을 연구했어. 그리고 1846년 매사추세츠 병원에서 세계 최초로 솜에 묻힌 에테르를 환자의 코에 대고 마취시킨 다음, 목 종양 제거 수술을 성공적으로 해냈지.

이후 에테르는 마취제로 널리 사용되었어. 하지만 에테르

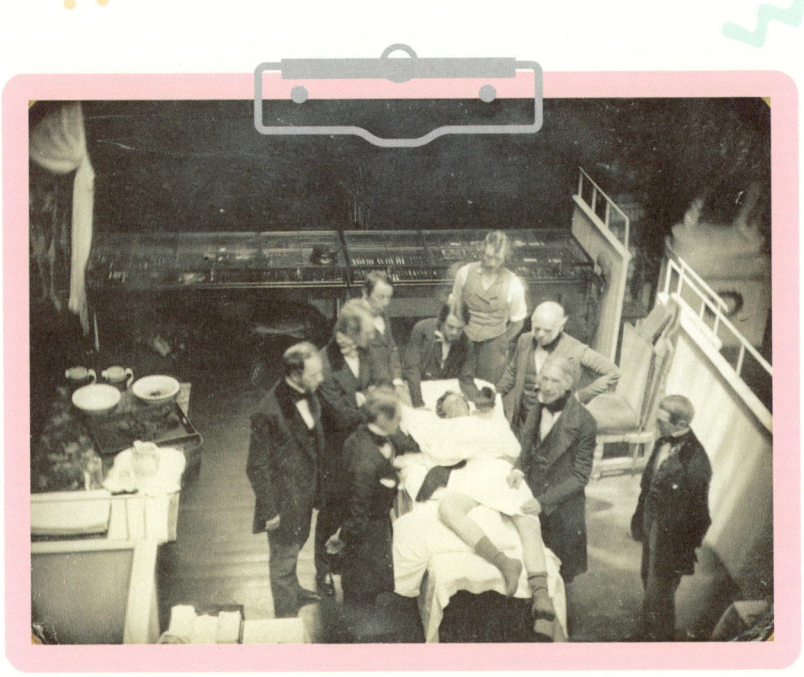

에테르를 이용한 공개 수술
1846년 10월 16일 처음으로 환자를 마취시킨 후 수술에 성공했다.
이날을 '에테르의 날'이라고 부른다.

도 냄새가 지독하고 작은 열에도 쉽게 폭발하는 등, 안정성이 떨어졌어.

본격적인 마취제는 1847년 11월에 영국의 산부인과 의사 제임스 심슨이 이용한 '클로로폼'이야. 클로로폼은 냄새도 없고, 안전했으며 마취효과도 비교적 좋았지. 클로로폼을 사용하면서 많은 여성이 출산의 고통을 줄일 수 있었어. 출산 때의 고통은 다른 통증과 비교해 매우 크다고 알려져 있거든.

하지만 기독교가 지배하던 유럽에서는 여성이 고통 없이 출산하는 것이 신의 섭리를 거스른다는 반발도 있었어. 여성이 출산 때 고통을 겪는 것은, 에덴동산에서 이브가 저지른 원죄에 대한 죗값이라고 생각했기 때문이지. 그래서 효과가 있었음에도 클로로폼은 널리 쓰이지는 못했어.

그러다가 1853년 영국의 빅토리아 여왕이 출산할 때 클로로폼을 이용해 **무통분만**을 진행하자, 자연스럽게 일반 사람들도 따라서 사용하기 시작했지.

이후에도 마취제는 발전을 거듭했어. 여러 화학물질이 마취에 활용되었고, 1930년대 초에는 '할로탄'이라고 하는 물질이 개발되면서 마취제는 획기적으로 성능이 개선되었지.

할로탄은 주사기가 아니라 호흡기로 들이마시는 마취제였어. 마취가 빠른 데다, 기분 좋은 향이 났으며 깨어날 때 머리가 아픈 부작용도 없었지. 그러니까 안전하게 마취를 통한 수술이 일반화된 건 불과 100년밖에 안 된 거야.

1989년부터는 **프로포폴**이라고 하는 마취제도 사용되기 시작했어. '미다졸람', '케타민'과 같이 수면 마취제 삼총사라고 불리는 프로포폴은, 마취효과가 빠르게 나타나고 짧은 시간 동안 작용하는 전신마취제야. 그래서 위내시경이나 대장내시경을 수면 상태에서 진행할 때 사용하지.

그런데 프로포폴을 맞으면 푹 잘 수 있어 기분이 상쾌해진다고 알려지면서 사람들이 과다 복용하는 경우가 생겨 문제가 되기도 했어. 모든 약물은 적당하게 사용하면 큰 도움이 되지만 지나치게 사용하면 심각한 문제를 일으킬 수 있거든.

이렇게 마취제의 발달은 짧은 시간 동안 급속하게 이루어졌어. 덕분에 우리는 고통 없이 수술을 받을 수 있지. 만약 마취제가 개발되지 않았다면 지금도 많은 환자들이 고통에 몸부림치며 술을 잔뜩 마신 채 수술을 받거나, 수술을 포기했을지도 몰라.

마취의 종류

수술은 통증이 심하기 때문에 대부분 마취를 하고 진행해야 해. 마취에는 몸 전체를 마취하는 '전신 마취'와 일부분만 마취하는 '부분 마취'가 있어. 부분 마취는 척추마취, 경막외마취, 국소마취로 나눌 수 있지. 암 수술 등의 큰 수술은 전신 마취를 하지만 일부 수술은 부분 마취로 진행할 수 있어. 부분마취는 수술 부위의 신경을 차단시켜 통증을 느끼지 못하게 하는 거야. 다리나 배에 하는 수술은 척추마취나 경막외마취를 위해 등에 마취주사를 놓고, 팔 수술이라면 겨드랑이나 목 부근에 마취주사를 놓는 거야.

특히 국소마취는 신경차단이 아니라 수술 부위에 주사를 놓거나 약을 발라 감각만을 없애서 통증을 느끼지 못하게 하는 방법이야. 쌍꺼풀 수술이나 안과 수술에서 주로 사용되지.

국소마취는 금식하지 않아도 되고, 수술 후 진통도 덜한 편이지만 의식이 깨어 있기 때문에 수술 과정을 환자가 느낄 수 있다는 것이 아쉬운 점이지. 생각해 봐. 다리 수술을 하는데 다리를 꿰매는 걸 직접 볼 수 있다면 너무 끔찍하겠지?

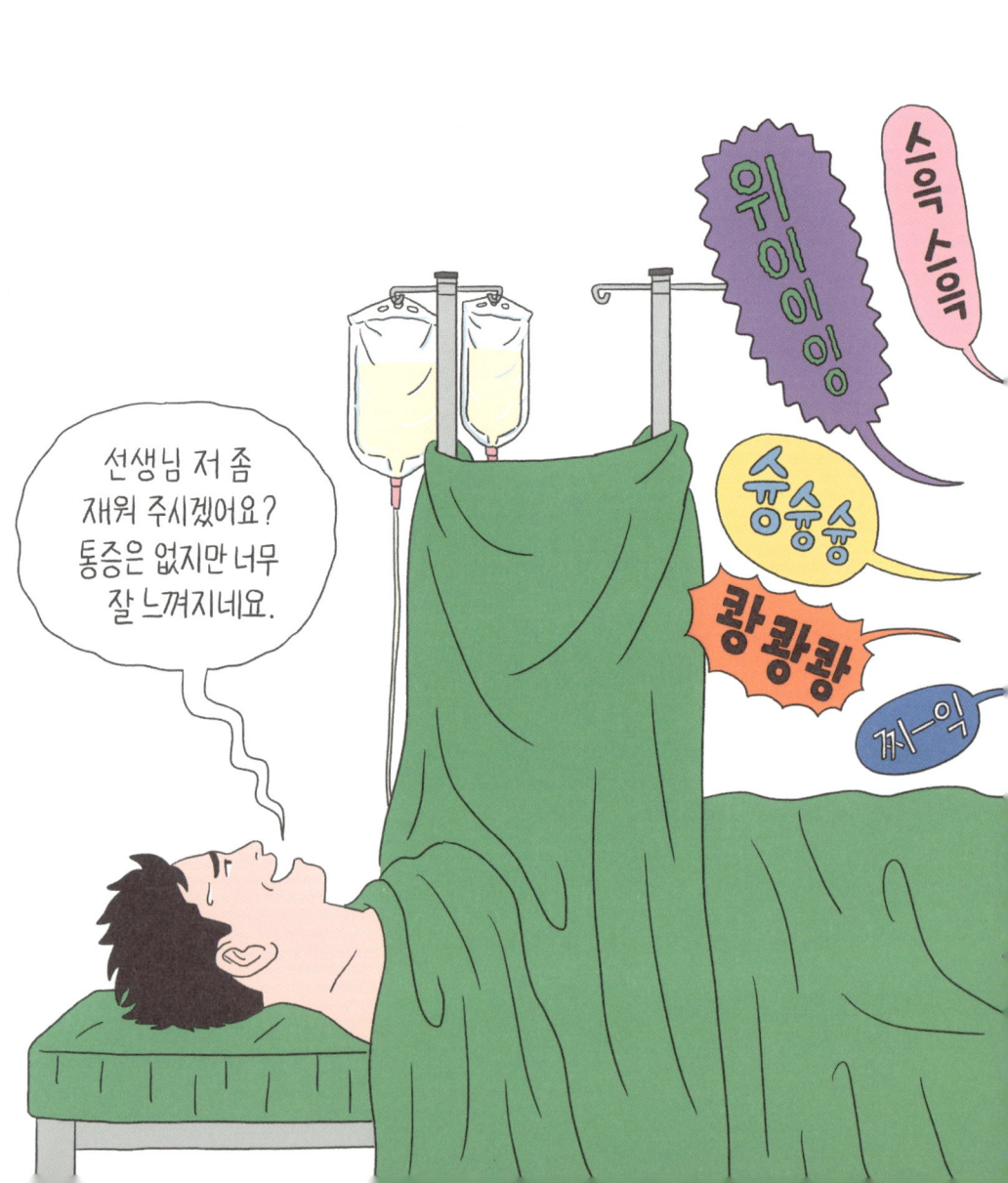

마취 사고

마취는 인체에 매우 큰 영향을 미치기 때문에 간혹 사고가 일어나기도 해. 마취한 후 의식이 제대로 돌아오지 않는 경우지. 출혈로 인한 저혈압이나 **쇼크**, 장기 손상 등이 원인이야.

  통계적으로 보면 마취 때문에 사망할 확률은 100만 명 중 5명 정도로 낮은 편이야. 약 0.0005% 정도지. 하지만 환자가 마취약에 대한 부작용이 있을 수 있고, 협심증 등의 질병을 가지고 있다면 부작용이 일어날 수 있으므로, 수술 전에는 의사와 상담이 꼭 필요해.

알아두면 힘이 되는 의학 용어 풀이

맨드레이크	서양 중세시대에 마취제나 환각 작용이 있는 마약으로 쓰였다. 뿌리에 강한 알칼로이드 성분이 있어서 먹으면 최면이나 환각 효과가 있지만 많이 먹으면 질식사할 수 있다. 독약으로도 널리 쓰였다.
아산화질소	치과에서 통증 완화를 위한 마취용 가스로 활용되었고, 웃음가스로도 알려져 있다. 직접 들이마시거나 풍선에 넣고 마시면 일부 환각 작용이 있는 물질이다.
무통분만	여성이 아이를 낳을 때 출산의 고통을 의학적으로 해결해 주는 방법. 통증을 아예 없애는 것은 아니고 진통을 줄이는 것이다. 최근에는 전신마취가 아닌 척추마취를 통해 통증을 줄이는 방식으로 진행된다.
프로포폴	흔히 '우유 주사'라고도 하는 정맥 주사용 마취유도제. 간단한 시술을 받는 환자를 위해 사용하는데, 특히 내시경을 받을 때 많이 사용한다. 적은 양을 사용해서 가벼운 수면 상태를 만들지만, 많이 사용하면 사망할

수도 있다.

쇼크   여러 가지 이유로 몸 안의 기관으로 공급되는 산소가 부족해지는 상황을 말한다. 세포 속의 산소가 부족하면 신체의 주요 장기들의 기능이 급격하게 떨어지고, 심하면 생명이 위험해진다. 쇼크의 증상으로는 거친 호흡, 식은 땀, 빠른 맥박, 내장 혈관 수축 등이 있다.

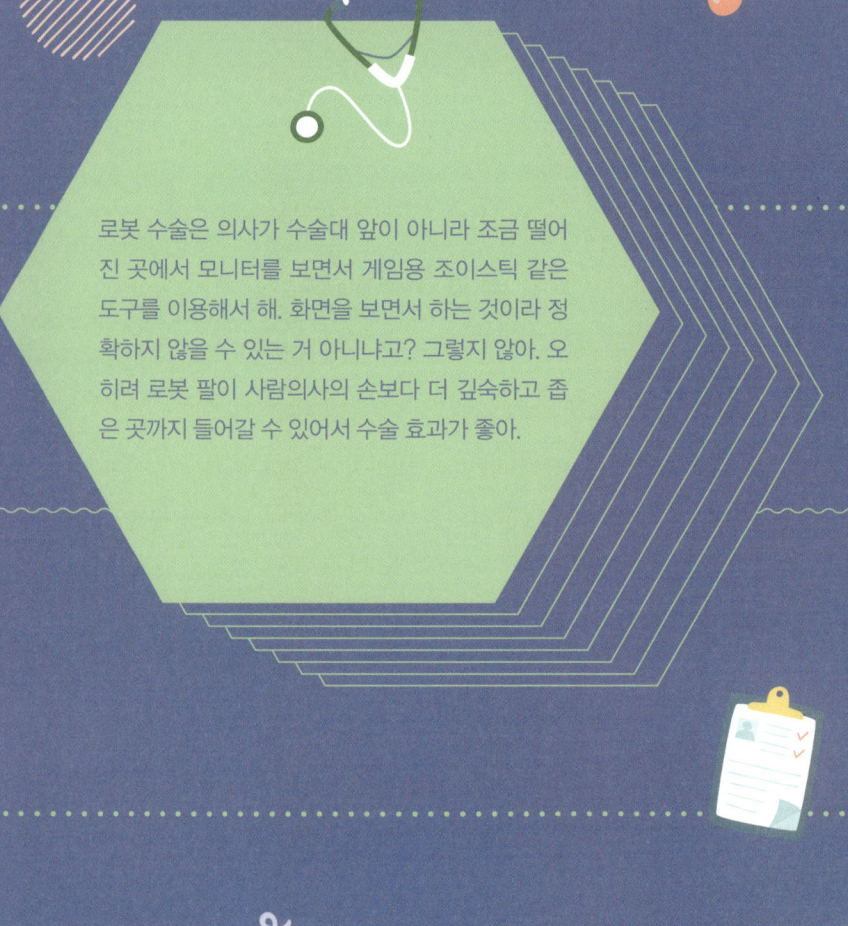

로봇 수술은 의사가 수술대 앞이 아니라 조금 떨어진 곳에서 모니터를 보면서 게임용 조이스틱 같은 도구를 이용해서 해. 화면을 보면서 하는 것이라 정확하지 않을 수 있는 거 아니냐고? 그렇지 않아. 오히려 로봇 팔이 사람의사의 손보다 더 깊숙하고 좁은 곳까지 들어갈 수 있어서 수술 효과가 좋아.

4 로봇 수술과 수술실의 도구들

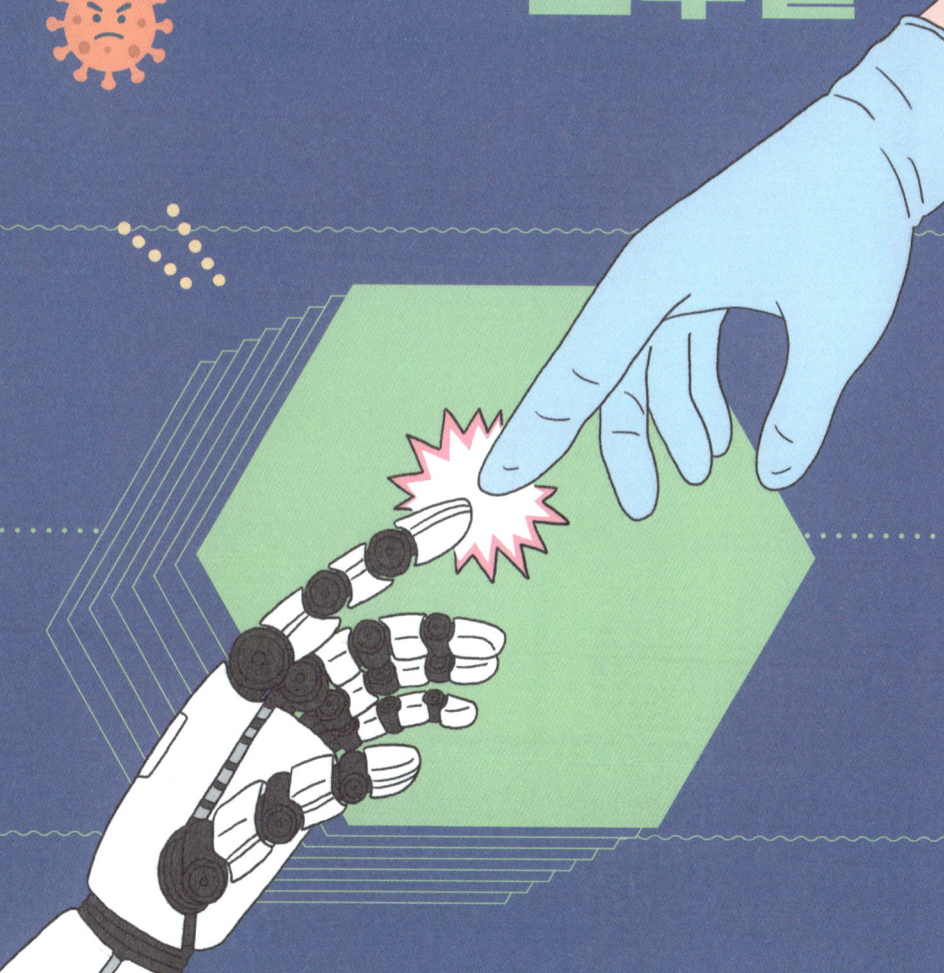

수술로봇 다빈치

로봇 수술은 로봇이 하는 수술은 아냐. 의료용 로봇 장비를 이용해서 하는 수술을 말하지. 통계를 살펴보면 2023년 기준으로 전 세계에 8,500대의 수술로봇 시스템이 갖춰져 있어. 우리나라에서는 2005년부터 수술용 로봇이 도입되었고 대형병원의 경우 대부분 시스템을 갖추고 있지.

우리나라가 본격적으로 로봇 수술을 하기 시작한 것은 2010년대에 들어서면서야. 2019년까지 10만 건 정도의 수술이 있었지.

로봇 수술은 의사가 수술대 앞이 아니라 조금 떨어진 곳에서 모니터를 보면서 게임용 조이스틱 같은 도구를 이용해서 진행해. 화면을 보면서 하는 것이라 정확하지 않을 수 있는 것 아니냐고? 그렇지 않아. 오히려 로봇팔이 사람의사의 손보다 더 깊숙하고 좁은 곳까지 정교하게 들어갈 수 있어

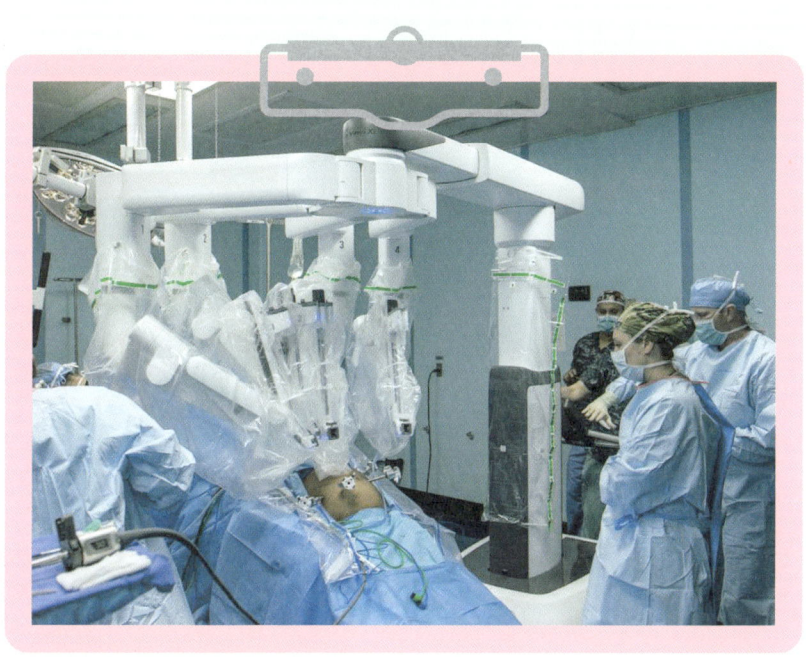

수술로봇 다빈치
로봇 수술은 로봇이 하는 수술이 아니라
로봇 장비를 이용하는 수술이다.

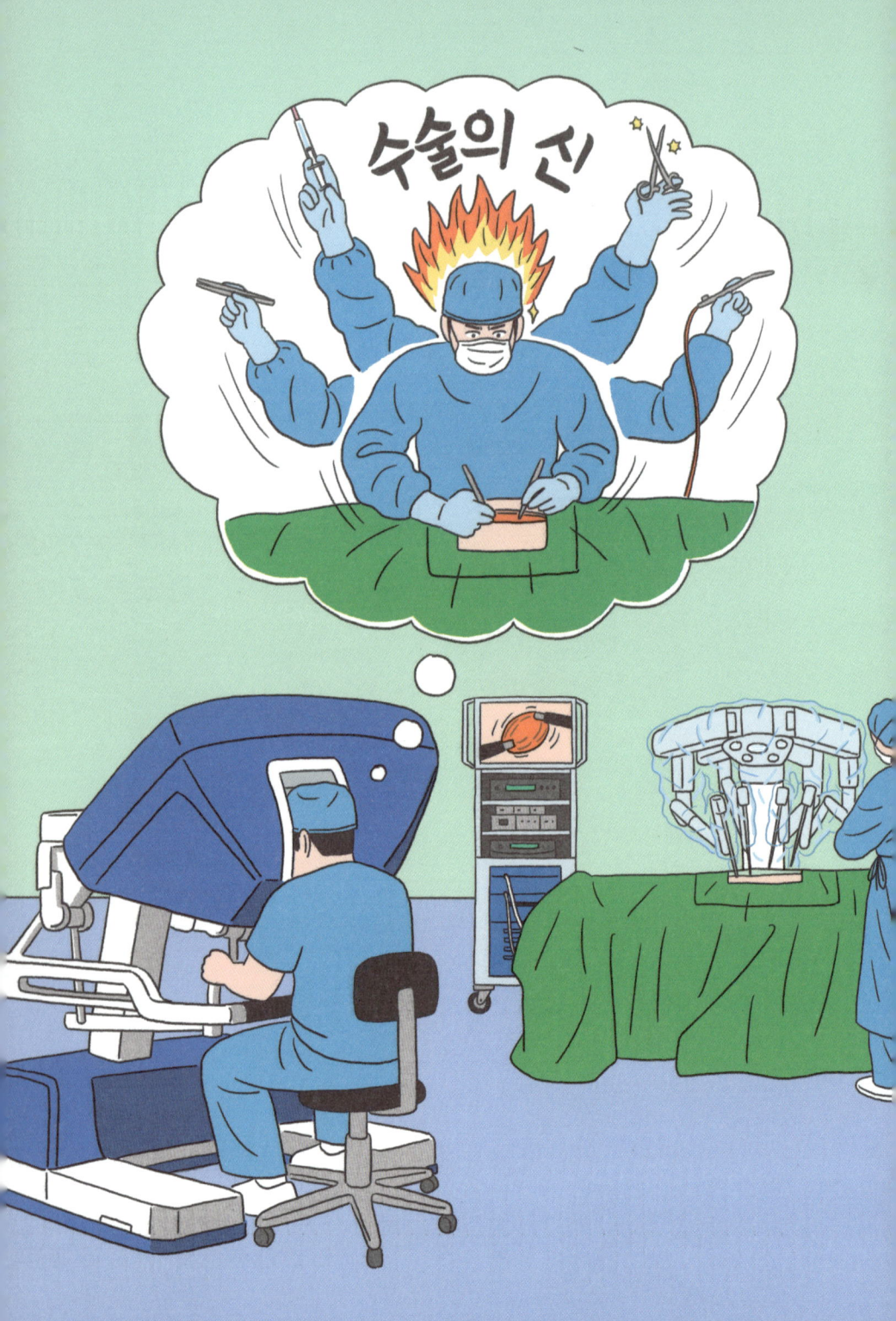

서 수술 효과가 좋아.

또 로봇 수술은 수술 부위를 많이 절개하지 않아도 되기 때문에 출혈이 적고 수술 흉터도 크지 않으며, 환자의 회복이 빠르고, 수술시간과 입원기간을 줄일 수 있다는 장점도 있어.

하지만 단점도 있어. 가장 큰 단점은 가격이 높다는 거야. 아직은 일반 수술보다 2~3배가 비싸지. 또 아무 병원에서나 받을 수 있는 것도 아니고, 수술용 로봇을 가지고 있는 대형병원에서만 받을 수 있어.

대표적인 수술용 로봇은 '다빈치'야. 미국 인튜이티브 INTUITIVE라는 회사에서 만들었지. 이름은 '레오나르도 다빈치'에서 따왔다고 해. 다빈치는 **복강경** 수술로봇이야. 환자의 몸에 작은 구멍을 몇 개 뚫어 이곳으로 수술용 카메라와 로봇손을 넣어 수술하지. 다빈치에는 수술 기구를 끼울 수 있는 팔이 여러 개 달려 있어. 로봇손은 굵기가 5~8mm 정도여서 매우 섬세하게 수술을 할 수 있어. 또 다빈치에 달려 있는 카메라는 수술 부위를 10배나 확대해서 볼 수 있기 때문에 정밀하고 정확한 수술이 가능해.

우리나라에서도 여러 회사에서 수술용 로봇의 개발을 완

료했거나 진행 중이야.

놀라운 수술 도구들

수술 도구는 수술을 하기 위해 사용하는 여러 가지 기구들을 말해. 우선 피부를 절개할 칼이 필요하지. 절개한 피부를 고정할 것도 필요하고, 혈관 등을 잡을 수 있는 집게도 필요하겠지.

아주 오래전에는 무시무시한 칼을 사용했지만 지금은 가볍고, 날렵하고, 뾰족한 다양한 기구들을 사용해. 수술실에서 사용하는 대표적인 수술 도구들을 살펴볼게.

① **메스**

메스mes는 피부를 자르는 칼이야. 'mes'는 네덜란드어로 '식칼'이라는 뜻으로, 수술에서 가장 먼저 사용하는 도구지. 의학 드라마를 보면 수술을 시작하며, 외과의사가 간호사에게 "메스!"라고 말하는 것을 자주 볼 수 있어.

메스는 일반적으로 칼에 칼날

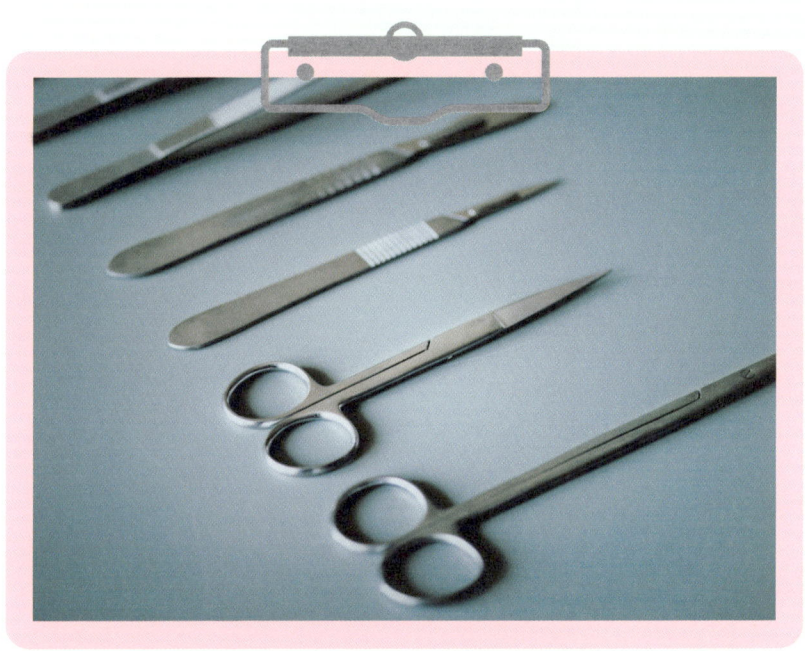

여러 가지 수술 도구들
수술을 하기 위해서는 다양한 도구들이 필요하다.

을 끼워서 사용하는데 굵기에 따라 번호가 매겨져 있고 한 번 사용하고 나면 칼날이 뭉툭해지기 때문에 버려야 하는 일회용이야.

② 모스키토

모스키토 mosquito 는 수술실에서 가장 많이 쓰이는 도구야. 모기라는 뜻의 모스키토는 도구의 끝부분이 모기의 주둥이처럼 생겼다고 해서 붙여졌지. 혈관이나 상처 조직을 잡는 데 쓰여. 얼핏 보면 가위처럼 생겼어. 다양한 크기와 종류가 있지.

③ 석션

석션 suction 은 수술을 할 때 나오는 피나 체액을 진공청소기처럼 빨아 당기는 장비야. 치과 치료를 받을 때 나오는 침을 빨아들이는 장비도 석션이라고 하지. 석션이 분비물을 빨아들이지 않으면 다른 장기에 감염을 일으킬 수 있고, 분비물이 폐로 들어갈 수도 있거든.

④ 포셉

포셉forcep은 쉽게 집게라고 생각하면 돼. 핀셋처럼 생겼지. 조직을 잡거나 분리하는 데 사용하고 크기와 모양별로 여러 개가 필요해.

⑤ 니들

니들needle은 말 그대로 바늘이야. 절개한 피부를 꿰맬 때 사용해. 크기와 굵기, 구부러진 정도가 다른 여러 가지 종류가 있지.

⑥ 스테이플러

스테이플러stapler는 최근에 많이 쓰이는 도구야. 우리가 종이를 묶을 때 사용하는 스테이플러 일명 호치키스를 생각하면 돼. 과거에는 실로 꿰매고 가위로 절단하면서 수술했다면 지금은 종이를 묶어 내듯이 환자의 상처가 난 피부를 스테이플러로 묶어 주면 되기 때문에 수술 시간이 빨라졌고 의사들도 편해졌지.

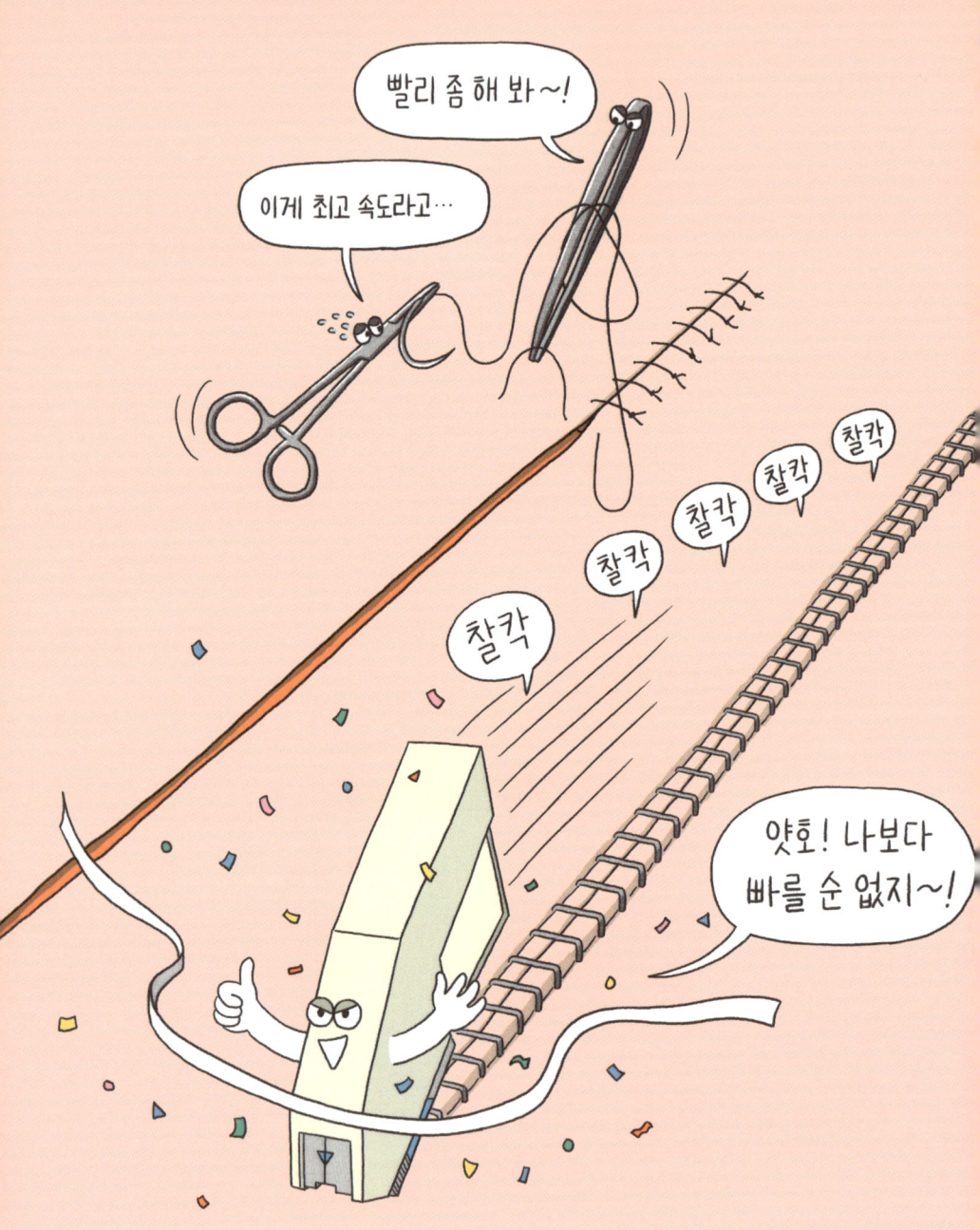

⑦ 전기 수술칼

최근 수술실에서는 전기 수술칼도 많이 사용하고 있어. 전기 수술칼은 일반 칼에 비해 출혈이 생겼을 때 응고까지 같이 할 수 있는 기능을 가지고 있지.

진료과마다 특별한 수술 도구들

앞에서 살펴본 기본 수술도구 외에도 진료과마다 특별히 사용하는 기구들이 있어.

뇌 수술을 많이 하는 신경외과에서는 섬세한 도구와 함께 뇌를 열어야 하므로 톱이나 드릴도 필요해. 심장을 수술하는 흉부외과에서는 갈비뼈를 잘라내야 하는 경우가 있어서 전기톱을 기본적으로 사용하지. 부러진 다리나 팔 등을 수술하는 정형외과에서는 다리나 팔을 지지하는 고정도구들과 함께 망치, 드라이버 등의 도구들을 써. 성형외과에서는 뼈를 깎는 일이 많아서, 신경외과처럼 작고 다양한 드릴이 사용되지.

이 외에도 수술실에서는 수많은 장비를 이용해. 수술을 위한 장비들의 사용법을 배우고 익히는 것도 쉬운 일은 아냐.

그래서 수술을 하기 위해서 의과대학을 졸업한 후에도 **레지던트** 4년 과정이 있고, **간호사**도 수련 과정을 거쳐야만 해.

수술실에서 사용하는 도구의 이름은 대부분 영어야. 아무래도 수술법과 의학이 서양에서부터 발달했기 때문이겠지. 의학용어는 국제적으로 표준화되어 있고, 전 세계의 의사들은 공통된 용어를 사용해야 하므로 영어가 이용되는 거야.

간호사는 수술하는 의사에게 필요한 수술 도구를 정확히 전달해 주어야 하므로, 의사와 간호사 간의 호흡이 무척 중요해. 호흡이 잘 맞아야 수술 시간도 줄이고 좋은 결과도 얻게 되기 때문이지.

알아두면 힘이 되는 의학 용어 풀이

복강경   복부를 절개하지 않고 배꼽 주변에 구멍을 뚫고 공기를 넣어 부풀어 오르게 한 다음, 기구를 넣어 진행하는 수술이다. 개복 수술에 비해 수술시간도 짧고, 회복도 빠르다.

레지던트   '전공의'라고도 한다. 의과대학과 인턴 과정을 마치고 전문의 자격을 얻기 위해 수련 병원에 소속되어 임상과 실기를 배우는 사람을 말한다.

간호사   대학이나 전문대학에서 간호학을 전공하고 간호사 국가고시에 합격해 면허를 받아야 한다. 크림전쟁 때 부상병을 돌보았던 플로렌스 나이팅게일에서부터 시작되었다.

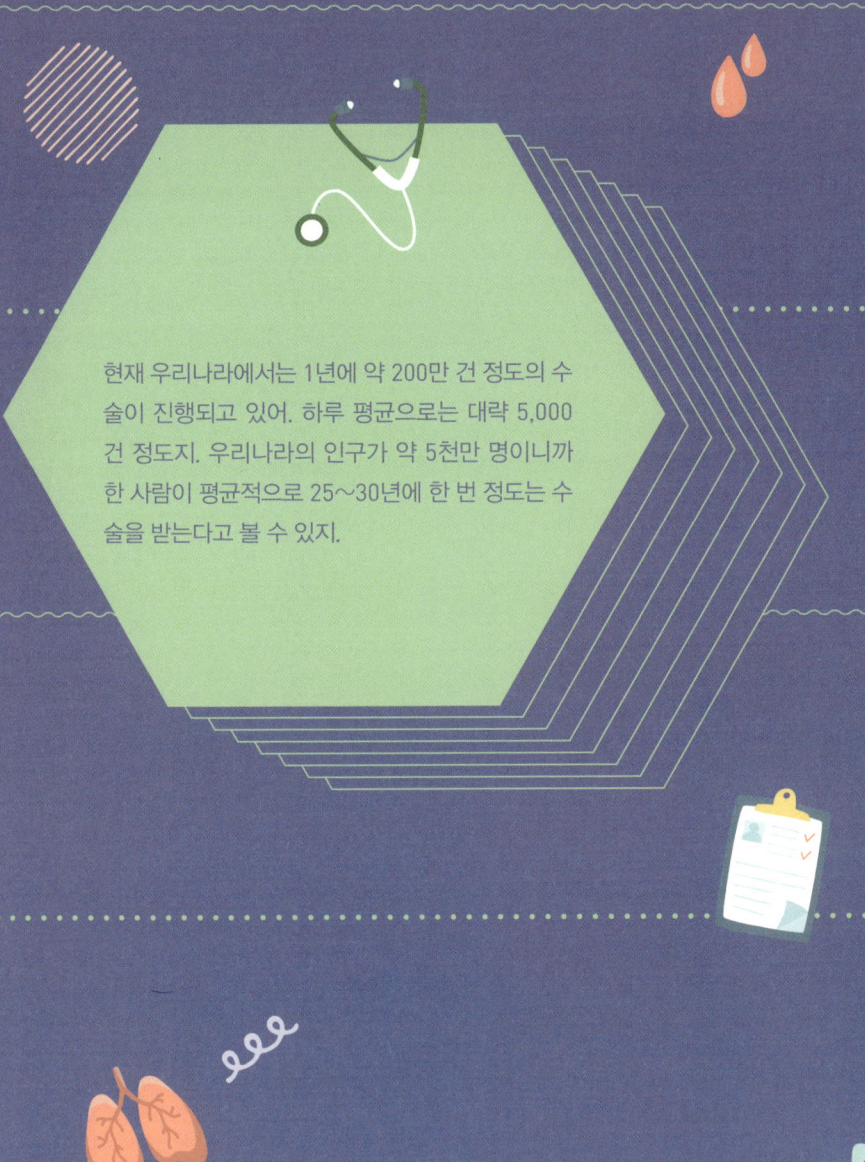

현재 우리나라에서는 1년에 약 200만 건 정도의 수술이 진행되고 있어. 하루 평균으로는 대략 5,000건 정도지. 우리나라의 인구가 약 5천만 명이니까 한 사람이 평균적으로 25~30년에 한 번 정도는 수술을 받는다고 볼 수 있지.

5

수술의 발전과 미래

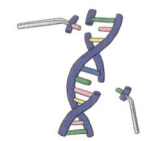

수술의 역사

의학 기술이 발달하기 전에는 질병에 걸린 사람을 살리기 위해 신의 힘을 빌리려고 하거나 마법이나 약물 등을 사용했어. 하늘에 제사를 지내거나 주문을 외우고 부적을 쓰기도 했지. 그만큼 환자의 생명을 구하는 일은 쉽지 않았거든.

고대 이집트의 벽화에서는 여러 가지 수술 장면이나 수술 도구를 볼 수 있어. 아마 당시에도 외과 수술을 하려는 다양한 시도가 있었을 거라고 짐작할 수 있지. 또 잉카문명이 남긴 유적에서는 구멍 뚫린 머리뼈가 발견되었는데, 이것 역시 수술을 했음을 짐작할 수 있어. 하지만 왜 머리뼈 수술을 했는지는 아직 밝혀지지 않았어. 또 메소포타미아나 바빌로니아에서는 조산사나 이발사가 수술을 했다고 해.

앞에서도 살펴봤지만, 마취제를 사용해 환자의 통증 없이 수술을 진행한 것은 불과 100년 정도밖에 안 돼. 현대적인

이집트 벽화 속 수술 장면
인류는 아주 오래 전부터 수술을 시도하려 했음을 알 수 있다.

이발사의 수술 장면을 그린 그림
고대와 중세시대에는 이발사가 외과의사 역할을 하기도 했다.

수술법이 나오기 전에는 통증이나, 감염, 과다출혈 등으로 수술 도중 사망하는 사람들이 많았지.

고대 아랍이나 이집트에서는 환자의 통증을 줄이기 위해 술이나 아편, 마리화나를 먹이기도 했어. 찬물이나 얼음으로 수술 부위를 냉각시켜서 통증을 없애는 **방법도** 있었고, 심지어 다른 부위를 가시로 찔러서 수술 통증을 잊게 하는 방법도 사용할 정도였지.

가장 많이 사용했던 방법은 수술하는 의사 옆의 조수들이 환자의 몸을 눌러서 팔다리를 움직이지 못하게 하는 것이었어. 그래서 무엇보다 수술을 **빨리** 끝내는 것이 중요했지. 당시 명의라고 불리는 의사는 다름 아닌, 수술을 **빨리** 마치는 의사였어.

끔찍한 전두엽 절제술

지금은 사라진 끔찍한 수술들도 있어. '**전두엽** 절제술'은 지나치게 공격적인 중증 정신질환자의 치료법으로 실시했던 수술이야. 요즘으로 말하면 조현병이지. 조현병은 정신분열증이라고도 하는데 치료가 어려운 난치병이야. 조현병의 증

상에는 환청, 환각, 환시 등이 있어. 다른 사람은 들리지 않고, 보이지 않는 일들이 환자에게만 느껴지는 거지. 때로는 발작이 일어나기도 해.

의사들은 조현병을 치료하기 위해 환자 뇌의 전두엽 부분을 잘라내는 수술을 진행했어. 전두엽을 잘라내면 환자의 공격성이 크게 줄었거든. 1940년부터 1970년까지 수십만 명의 환자들이 전두엽 절제술을 받았다고 해. 포르투갈의 신경학자인 에가스 모니스는 이 수술법을 발견한 공로로 노벨 생리의학상까지 받았지.

하지만 전두엽은 감정뿐 아니라 생각하고 판단하는 기능을 가진 곳이기 때문에, 정신질환을 치료하려고 전두엽을 잘라내 버리면 환자의 공격성은 줄어들지만 가족을 알아보지 못하거나 제대로 생각하고 판단하는 일을 할 수 없었어.

이렇게 많은 부작용이 발견되자 1970년대에 들어서면서 전두엽 절제술은 사라졌어. 수술법은 점점 더 개선되었고 지금은 뇌에서 문제를 일으키는 부분만 정확하게 제거해내는 방법으로 정신질환을 치료하고 있어.

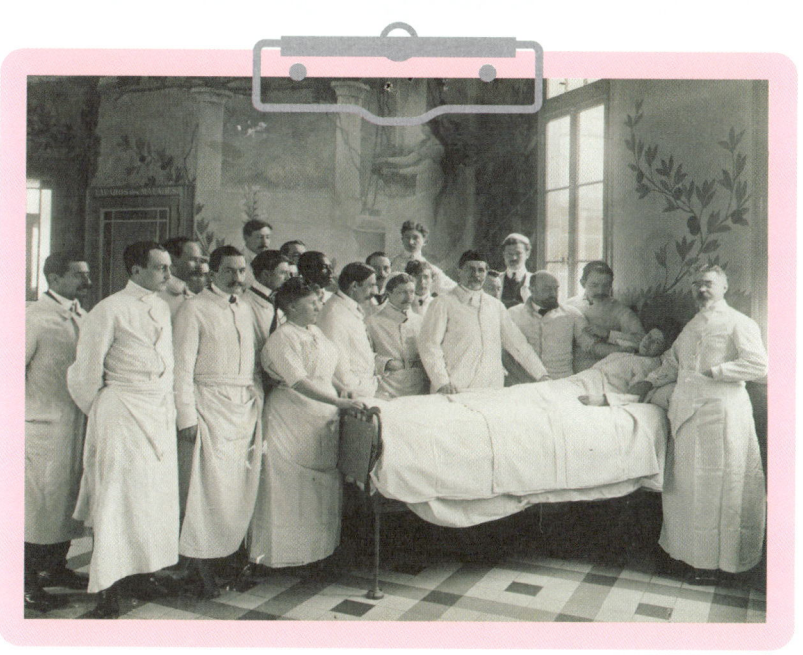

근대 병원의 모습
수술법은 수많은 시행착오를 거쳐 오늘에 이를 수 있었다.

예방을 위한 수술

최근에는 예방을 위한 수술을 하기도 해. 미국 할리우드 스타인 안젤리나 졸리는 예방적 절제술을 받았어. 예방적 절제술이란 아직 질병이 발생하지 않았지만 발생할 가능성을 막기 위해 미리 수술로 제거하는 방법을 말해.

안젤리나 졸리는 어머니가 난소암과 유방암이었고, 외할머니도 난소암 진단을 받았기 때문에 유전자 검사를 했고 자신도 유방암 유전자 BRCA1를 가지고 있다는 사실을 알게 되었지. 그래서 미리 유방을 절제해서 유방암에 걸릴 확률을 크게 줄인 거야.

이처럼 이제는 질병이 생기기 전에도 수술을 할 수 있는 세상이 되었어. 예방적으로 편도선을 자르기도 하고, 복부 수술을 할 때 맹장을 함께 제거하기도 하지. 또 출산을 마친 여성의 경우 자궁을 절제해서 자궁암을 대비하거나, 유방 절제술과 비슷하게 난소를 제거하는 수술을 하기도 해.

최근 우리나라에서는 **갑상선암** 환자가 크게 늘어나고 있는데, 갑상선이 발생시킬 여러 문제를 대비해서 미리 절제하는 경우도 있어.

이렇게 다양한 수술이 많아지는 것은 과거보다 외과의사들의 전문성이 크게 높아진 것도 한몫한다고 볼 수 있어. 과거에는 한 명의 의사가 위도 수술하고 간도 수술하고 대장도 수술했지만 지금은 위는 위 전문 의사가, 간은 간 전문 의사가 수술을 하기 때문에 수술의 위험률이 많이 낮아졌거든.

우리나라 첫 번째 의사

우리나라의 의학은 조선 후기까지 침과 한약 등 내과적 치료가 대부분이었어. 그러다가 개화기 때 서양의학이 들어왔지. 기독교를 전파하기 위해 우리나라에 왔던 선교사들 중에 의사들이 있었거든. 하지만 서양 의사들에게 치료를 받는 사람은 거의 없었어.

그러다가 1884년 갑신정변 때 개화파와 수구파 사이에 충돌이 있었는데 수구파의 민영익이 칼에 맞아 중상을 입었어. 수술이 꼭 필요한 상황이었지. 그때 선교사였던 **알렌**이 수술을 하고 완쾌시키자, 사람들은 비로소 서양의학을 인정하게 되었고 의사를 찾는 환자들이 늘어나기 시작했어.

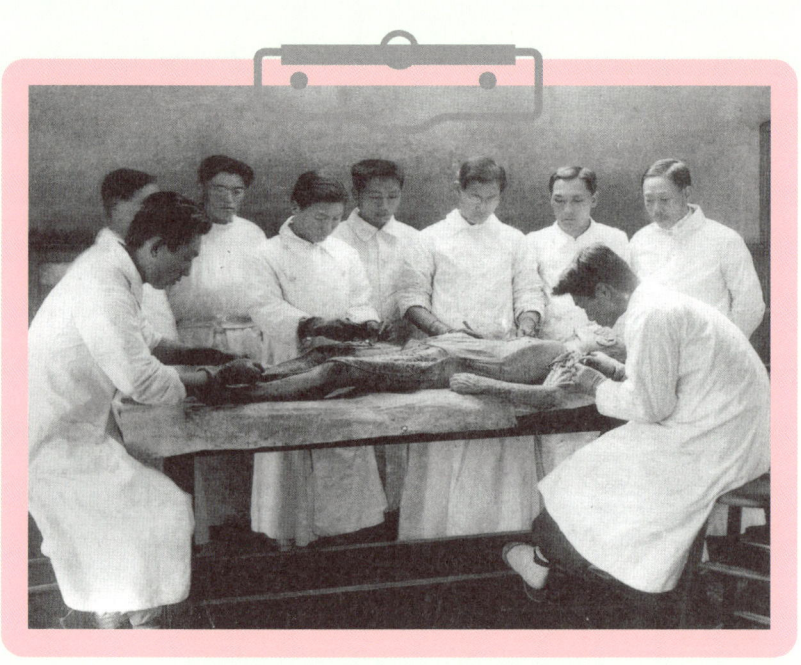

1910년대 세브란스 해부학 실습
우리나라에 서양의학이 들어온 것은 선교사들을 통해서였다.

우리나라 최초의 서양식 병원인 '광혜원'은 1885년에 설립되었어. 얼마 뒤 제중원으로 이름을 바꾸었지. 제중원은 '많은 사람을 구제하는 집'이라는 뜻이야.

1886년에는 제중원의 부속 의학교가 설립되었어. 입학시험을 통해 16명을 선발했고 1908년 첫 졸업생 7명을 배출했지. 이들이 공식적으로 우리나라의 첫 번째 의사들이야.

당시에는 장티푸스나 **성홍열** 같은 전염병이 매년 유행했고, 영양실조나 폐렴 등이 흔한 질병이었어. 하지만 이렇다 할 의료장비가 많지 않아서, 개인병원에서는 청진기나 문진만으로 환자를 치료하기도 했지. 치료약도 소화제와 아스피린 정도였어.

우리나라에서 가장 많이 하는 수술

현재 우리나라에서는 1년에 약 200만 건 정도의 수술이 진행되고 있어. 하루 평균으로는 대략 5,000건 정도지. 우리나라의 인구가 약 5천만 명이니까 한 사람이 평균적으로 25~30년에 한 번 정도는 수술을 받는다고 볼 수 있어. 우리나라에서 가장 많이 하는 수술은 백내장 수술이야.

미국 시사주간지 〈뉴스위크Newsweek〉에서 발표한 '2024년 전문 분야별 세계 최고병원' 자료를 보면 우리나라 의사들의 실력이 세계적이라는 것을 알 수 있어.

종양학과에서는 서울삼성병원과 아산병원이 5위와 6위에, 내분비학과에서는 아산병원이 3위, 서울대병원이 5위 그리고 콩팥 질환을 담당하는 비뇨의학과는 아산병원과 서울대병원이 4위와 5위에 올랐지. 세계에서 가장 우수한 병원으로는 미국 미네소타 주의 **메이오클리닉**Mayo Clinic이 1위를 차지했어.

미래의 수술

과거와 비교하면 수술법은 크게 발전했어. 응급 수술을 제외한 대부분의 수술이 계획적으로 이루어지고 있지. 수술 과정에서 부작용이 의심될 때는 안전을 위해 수술을 하지 않아.

또 몹시 어려운 수술일 경우에는 수술해야 할 장기를 3차원으로 프린트해서 수술법을 고민하고 모의 수술을 진행한 뒤에 수술을 진행할 정도로, 수술의 안전성과 성공률에 집

중하고 있어.

수술과 관련한 마취제, 여러 가지 약, 수술 도구도 많이 발전했어. 수술 방법의 개발과 수술실의 시설이 좋아진 것도 안전하게 수술할 수 있는 데 큰 역할을 했지.

수술 후 환자를 관리하는 방법과 수술실과 회복실에서 감염을 막을 수 있는 소독 방법 등도 많이 발전했어. 이제는 환자가 수술한 뒤 사망하는 경우는 크게 줄었고, 환자들도 수술 자체를 두려워하지는 않아.

또 과거보다 수술실에서 볼 수 있는 출혈도 많이 사라졌어. 수술을 하면서 바로 지혈이 되는 수술 도구들이 많이 개발되었기 때문이지.

미래에는 로봇 수술이 더욱 보편화될 거야. 지금까지는 로봇 수술을 할 때 환자의 몸에 구멍을 여러 개 냈다면 앞으로는 구멍을 1개로 줄일 수 있겠지. 그러면 환자는 더 빨리 회복하고, 통증도 덜할 거야. 로봇 수술이 계속해서 발전한다면 아예 몸에 구멍을 내지 않는 수술법이 개발될 가능성도 있어. 입이나 다른 곳으로 로봇을 집어넣는 방식이지. 많은 의학자들은 앞으로 10년 내에 이런 수술법으로 수술을 하게 될 거라고 보고 있어.

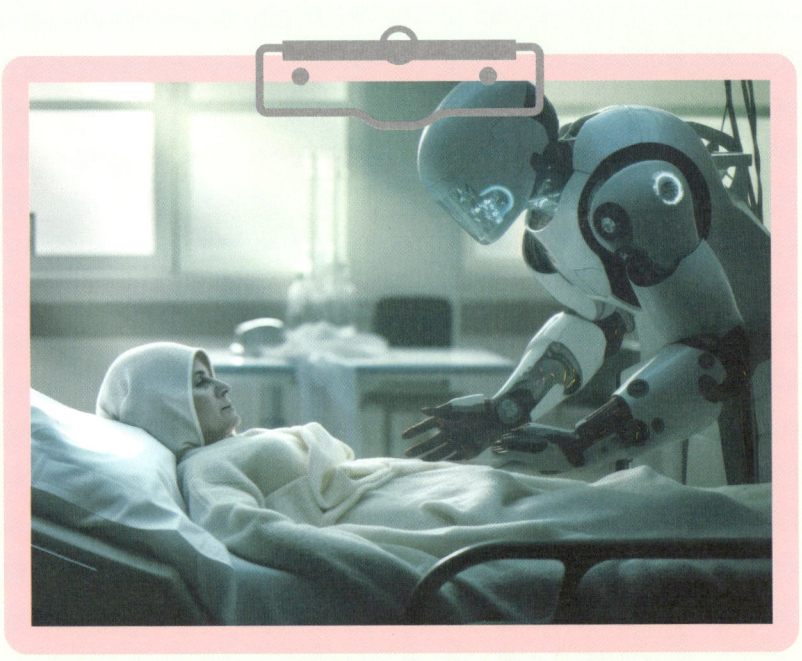

간병 로봇 연출 화면
미래 사회에는 수술뿐 아니라 환자를 돌보는 데도 로봇이 이용될 수 있다.

또 눈으로 볼 수 없을 정도로 아주 작은 로봇이 몸 안으로 들어가 수술을 할 수도 있을 거야. 그리고 더 시간이 흐르면 의사가 아니라 로봇이 직접 수술을 하는 날이 올지도 모르지. 그렇다고 해도 의사가 없어지는 건 아냐. 로봇에게 기술을 알려주는 건 여전히 의사가 해야 할 일이거든.

로봇 수술이 발전하면 의사가 부족한 지역에서도 인터넷을 통해 원격으로 수술 진행이 가능해져. 그렇게 되면 우리나라 의사가 아프리카 의사들이 수술하는 것을 실시간으로 도울 수도 있어. 시간과 공간의 제약이 사라지는 거지. 앞으로 인터넷과 인공지능이 더 발달하면 원격 로봇 수술도 많아질 거야.

또 수술뿐만 아니라 환자를 돌보는 일에도 로봇이 많이 이용될 거야. 로봇은 몸이 불편하거나, 앞을 볼 수 없거나, 의식이 없는 환자들을 지치지 않고 돌볼 수 있거든.

앞으로 의학은 인공지능 그리고 로봇과 함께 새로운 세상을 열어가게 될 거라고 생각해.

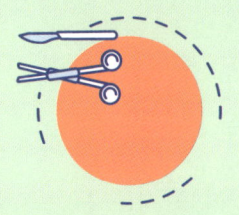

알아두면 힘이 되는 의학 용어 풀이

전두엽   뇌의 앞쪽 부분으로 대뇌에서 가장 큰 피질. 사회성, 판단력, 자제력, 운동신경, 감정 조절과 같은 역할을 담당하는데, 만약 이 부분이 손상되면 심각한 정신적 장애가 생긴다.

갑상선암   목 앞쪽에 있는 나비 모양의 장기인 갑상선에 생기는 암. 갑상샘은 우리 몸의 전체 활력을 조정하는 갑상샘 호르몬을 분비한다.

알렌   미국의 조선 주재 외교관이자 선교사. 갑신정변 때 중상을 입은 민영익을 치료해 고종의 신임을 얻었고, 최초의 서양식 국립병원인 제중원에서 일하며 의학을 가르쳤다.

성홍열   연쇄상구균에 의한 감염병으로 주로 아이들에게 발생하며, 전염성이 높은 질환이다. 성홍열에 걸리면 불긋불긋하고 소름이 돋은 것 같은 발진이 생기며 이마와 뺨이 붉어진다. 법정 감염병 2급이다.

메이오클리닉 1883년 윌리엄 메이오가 세운 미국 미네소타 주의 병원. 전체 의료진이 5만 명이 넘는 큰 병원으로 환자 중심의 서비스를 제공해 전 세계에서 많은 환자들이 찾고 있다. 류머티즘과 심장병 치료에 특히 뛰어난 것으로 알려졌다.

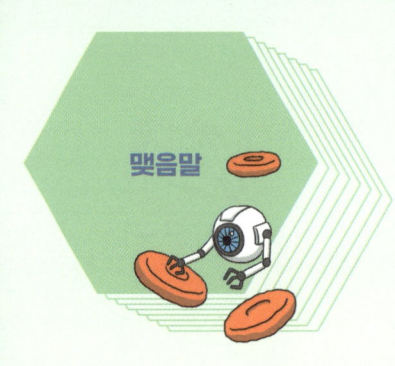

맺음말

수술이 필요 없는 미래를 위해

아마 병원을 생각하면, 수술실이나 수술 가운을 입은 외과 의사가 가장 먼저 떠오를 거야. 그만큼 수술은 의학 기술의 대표적인 방법이지.

지금도 많은 사람들이 병원에서 수술을 받고 있지만, 수술에 대해 막연하게 두려움을 느끼는 사람들이 많을 거야. 물론 가능한 한 수술을 받지 않고 살 수 있다면 좋겠지. 하지만 평균적으로 살면서 한두 번은 간단한 수술이라도 받게 돼. 그럴 때 무조건 두려워하기보다는 수술이 어떻게 진행되는지 알고 있다면 훨씬 마음의 위로가 되겠지? 우리가 두려움을 느끼는 건 잘 몰라서인 경우가 대부분이야. 혹시라도 주위에 수술을 받아야 하는 사람이 있다면 여러분이 그 역할을 해 주어도 좋겠지.

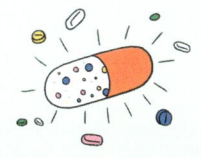

　의사라고 해서 수술이 두렵지 않은 건 아냐. 의대에 들어와서도 수술이 무서워 수술을 하지 않는 정신건강의학과 같은 전공을 선택하는 경우도 많거든. 하지만 수술도 제대로 알고 나면 두려움이 조금 줄어들 수 있어. 의사들도 처음 수술하게 되는 경우에는 많이 긴장하고 힘들지만 여러 번 하다 보면 무섭지 않게 수술할 수 있는 것과 비슷할 거야.

　마취제가 발달하면서 수술을 할 때 환자의 통증은 거의 사라졌고, 의료기술과 기기의 발전으로 수술의 위험도 많이 줄어들었어.
　특히 최근에는 로봇 수술이 활용되면서 수술이 더 쉽고 편리하게 발전하고 있지. 역사 속에서 보던 끔찍한 수술에서, 이제는 피가 거의 보이지 않는 수술도 점점 많아지고 있으니 말이야.

이 모든 것은 안전하고 통증 없는 수술을 할 수 있도록 연구하고, 애써 온 의료진들 그리고 의료기기와 마취약을 개발해 준 이들 덕분이야.

앞으로는 기술이 더 발전해 질병에 걸리지 않고, 사고도 없는, 안전하고 행복한 사회가 되어 수술이 필요하지 않은 미래가 되었으면 좋겠어. 만약 수술 받더라도 편안하게 낮잠 자듯이 수술 받을 수 있도록 말이야.

이를 위해서는 여러분의 노력이 필요해. 의학과 수술에 관심을 가지고 의학대학에 진학해 멋진 의사가 되어 우리나

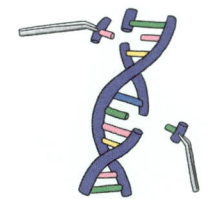

라의 의학 기술을 더 발전 시켜 주길 바랄게.

 마지막으로 이 책에 조언해 주신 많은 분들과 마취통증의학과 이수미 선생님의 친절한 조언에 감사드리며, 독자 여러분 모두 멋진 의사로 다시 만나길!

리틀 히포크라테스 03
위급한 환자의 생명을 구하라

초판 1쇄 발행 2024. 7. 10.
초판 2쇄 발행 2025. 4. 30.

글쓴이   윤경식
그린이   정민영
발행인   이상용 이성훈
발행처   봄마중
출판등록 제2022-000024호
주소   경기도 파주시 회동길 363-15
대표전화 031-955-6031
팩스   031-955-6036
전자우편 bom-majung@naver.com

ISBN 979-11-92595-47-4 73510

값은 뒤표지에 있습니다.
잘못된 책은 구입한 서점에서 바꾸어 드립니다.
본 도서에 대한 문의사항은 이메일을 통해 주십시오.

봄마중은 청아출판사의 청소년·아동 브랜드입니다.